Coleção Literatura Brasileira

TOMÁS ANTÔNIO GONZAGA

1. MARÍLIA DE DIRCEU

MACHADO DE ASSIS

1. RESSURREIÇÃO • 2. A MÃO E A LUVA • 3. HELENA • 4. IAIÁ GARCIA • 5. MEMÓRIAS PÓSTUMAS DE BRÁS CUBAS • 6. QUINCAS BORBA • 7. DOM CASMURRO • 8. ESAÚ E JACÓ • 9. MEMORIAL DE AIRES • 10. CONTOS FLUMINENSES • 11. HISTÓRIAS DA MEIA NOITE • 12. PAPÉIS AVULSOS • 13. HISTÓRIAS SEM DATA • 14. VÁRIAS HISTÓRIAS • 15. PÁGINAS RECOLHIDAS • 16. RELÍQUIAS DE CASA VELHA • 17. CASA VELHA • 18. POESIA COMPLETA • 19. TEATRO.

LIMA BARRETO

1. RECORDAÇÕES DO ESCRIVÃO ISAÍAS CAMINHA • 2. TRISTE FIM DE POLICARPO QUARESMA • 3. NUMA E A NINFA • 4. VIDA E MORTE DE M. J. GONZAGA DE SÁ • 5. CLARA DOS ANJOS • 6. HISTÓRIAS E SONHOS • 7. CONTOS REUNIDOS.

JOSÉ DE ALENCAR

1. GUARANI (1857) • 2. A VIUVINHA (1860) - CINCO MINUTOS (1856) • 3. LUCÍOLA (1860) • 4. IRACEMA (1854) • 5. ALFARRÁBIOS • 6. UBIRAJARA (1874) • 7. SENHORA (1875) • 8 . ENCARNAÇÃO (1893).

MANUEL ANTÔNIO DE ALMEIDA

1. MEMÓRIAS DE UM SARGENTO DE MILÍCIAS

EDUARDO FRIEIRO

1. O CLUBE DOS GRAFÔMANOS • 2. O MAMELUCO BOAVENTURA • 3. BASILEU • 4. O BRASILEIRO NÃO É TRISTE • 5. A ILUSÃO LITERÁRIA • 6. O CABO DAS TORMENTAS • 7. LETRAS MINEIRAS • 8. COMO ERA GONZAGA? • 9. OS LIVROS NOSSOS AMIGOS • 10. PÁGINAS DE CRÍTICA • 11 O DIABO NA LIVRARIA DO CÔNEGO • 12. O ALEGRE ARCIPRESTES • 13. O ROMANCISTA AVELINO FÓSCOLO • 14. FEIJÃO, ANGU E COUVE • 15. TORRE DE PAPEL • 16. O ELMO DE MAMBRINO • 17. NOVO DIÁRIO.

BERNARDO GUIMARÃES

1. A MINA MISTERIOSA • 2. A INSURREIÇÃO • 3. O BANDIDO DO RIO DAS MORTES • 4. A ESCRAVA ISAURA.

MÁRIO DE ANDRADE

1. OBRA IMATURA • 2. POESIAS COMPLETAS • 3. AMAR, VERBO INTRANSITIVO • 4. MACUNAÍMA • 5. OS CONTOS DE BELAZARTE • 6. ENSAIO SOBRE A MÚSICA BRASILEIRA • 7. MÚSICA, DOCE MÚSICA • 8. PEQUENA HISTÓRIA DA MÚSICA • 9. NAMOROS COM A MEDICINA • 10. ASPECTOS DA LITERATURA BRASILEIRA • 11. ASPECTOS DA MÚSICA BRASILEIRA • 12. ASPECTOS DAS ARTES PLÁSTICAS NO BRASIL • 13. MÚSICA DE FEITIÇARIA NO BRASIL • 14. O BAILE DAS QUATRO ARTES • 15. OS FILHOS DA CANDINHA • 16. PADRE JESUÍNO DO MONTE CARMELO • 17. CONTOS NOVOS • 18. DANÇAS DRAMÁTICAS DO BRASIL • 19. MODINHAS IMPERIAIS • 20. O TURISTA APRENDIZ • 21. O EMPALHADOR DE PASSARINHO • 22. OS COCOS • 23. AS MELODIAS DO BOI E OUTRAS PEÇAS • 24. TÁXI E CRÔNICAS NO DIÁRIO NACIONAL • 25. O BANQUETE.

EU E OUTRAS POESIAS

Coleção Literatura Brasileira

Diretor editorial
Henrique Teles

Produção editorial
Eliana Nogueira

Arte gráfica
Bernardo Mendes

Revisão
Eduardo Satlher Ruella

Diagramação
Paulina C. Mendes

EDITORA GARNIER
Belo Horizonte
Rua São Geraldo, 53/67 - Floresta - Cep.: 30150-070 - Tel.: (31) 3212-4600
e-mail: vilaricaeditora@uol.com.br

AUGUSTO DOS ANJOS

EU E OUTRAS POESIAS

GARNIER
desde 1844

Dados Internacionais de Catalogação na Publicação (CIP) de acordo com ISBD

A599e Anjos, Augusto dos

Eu e Outras Poesias / Augusto dos Anjos. - 2. ed. - Belo Horizonte - MG : Garnier, 2020.

288 p. : il. ; 14cm x 21cm.

Inclui índice.
ISBN: 978-65-86588-40-8

1. Literatura brasileira. 2. Crônicas. I. Título.

2020-1940 CDD 869.1
CDU 821.134.3(81)-1

Elaborado por Vagner Rodolfo da Silva - CRB-8/9410

Índice para catálogo sistemático:

1. Literatura brasileira : Crônicas 869.1
2. Literatura brasileira : Crônicas 821.134.3(81)-1

Augusto dos Anjos

Augusto dos Anjos

EU

RIO DE JANEIRO — 1912

Augusto dos Anjos

Eu

e outras Poesias

Quinta Edição

1 9 2 9

COMPANHIA EDITORA NACIONAL

RUA DOS GUSMÕES N.º 26 SÃO PAULO

AUGUSTO DOS ANJOS

Eu

e

Outras Poesias

QUARTA EDIÇÃO

COMPANHIA EDITORA NACIONAL
RUA DOS GUSMÕES, 26 SÃO PAULO

ERRATA

Por engano sahiu impresso no frontespicio deste livro, 4.ª edição, quando ella é a 5.ª.

SUMÁRIO

Primeiro Volume

Segundo Volume

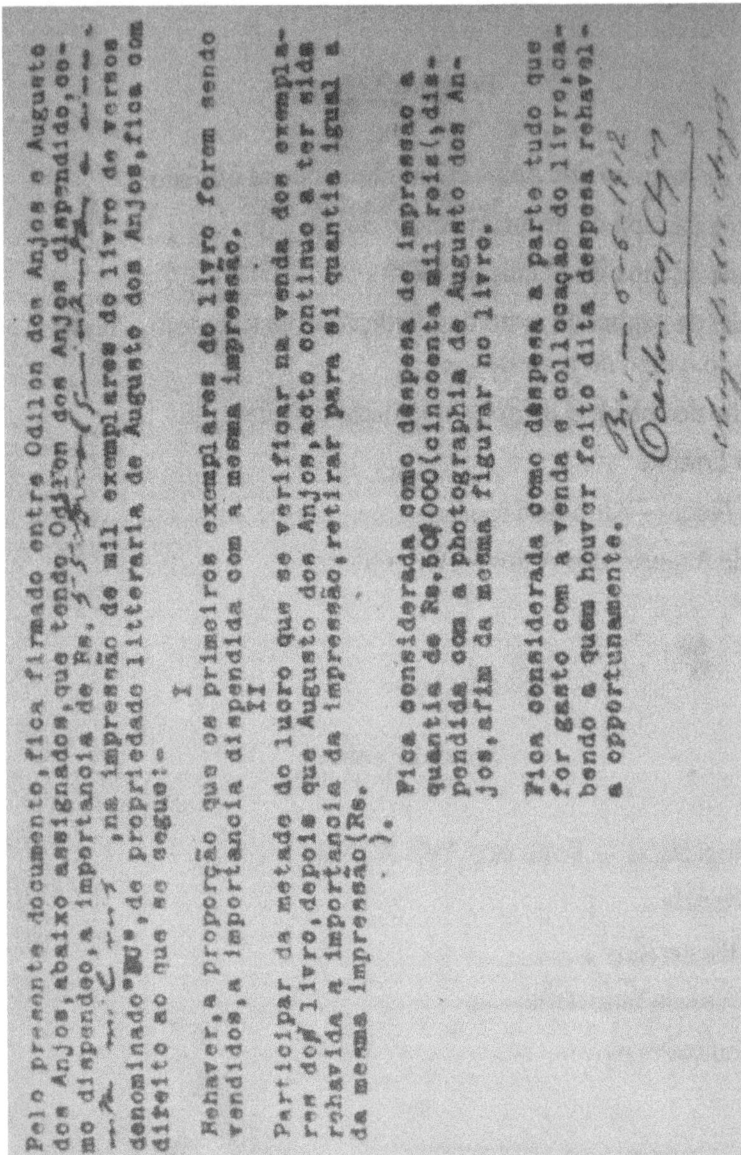

Pelo presente documento, fica firmado entre Odilon dos Anjos e Augusto dos Anjos, abaixo assignados, que tendo Odilon dos Anjos dispendido, como dispendeo, a importancia de Rs. [illegible] , na impressão de mil exemplares do livro de versos denominado "EU", de propriedade litteraria de Augusto dos Anjos, fica com direito ao que se segue:-

I

Rehaver, a proporção que os primeiros exemplares do livro forem sendo vendidos, a importancia dispendida com a mesma impressão.

II

Participar da metade do lucro que se verificar na venda dos exemplares do livro, depois que Augusto dos Anjos, acto continuo a ter sida rehavida a importancia da impressão, retirar para si quantia igual a da mesma impressão (Rs.).

Fica considerada como despesa de impressao a quantia de Rs. 50$000 (cincoenta mil reis), dispendida com a photographia de Augusto dos Anjos, afim da mesma figurar no livro.

Fica considerada como despesa a parte tudo que for gasto com a venda e collocaçao do livro, cabendo a quem houver feito dita despesa rehavel-a opportunamente.

Fotocópia do contrato para a 1ª edição do EU.

NOTA DA EDITORA

A presente edição do *Eu e Outras Poesias* é o que se poderia chamar de Poética Completa de Augusto dos Anjos.

A 1ª edição do *Eu* foi publicada em 1912, 131 pp. ainda em vida do Autor e financiada pelo seu irmão Odilon dos Anjos. A 2ª foi lançada em 1920 às expensas do Governo da Paraíba. Edição organizada e prefaciada por seu amigo de mocidade, Orris Soares que também acrescentou ao texto original mais 46 composições inéditas ou recolhidas em jornais e revistas da época. Edição da Imprensa Oficial do Estado, *EU* (Poesias Completas) 228 pp.

A 3ª edição já com o título hoje consagrado *EU E OUTRAS POESIAS*, publicada pela Livraria Castilho, 1928, 234 pp. que também publicou a 4ª edição no mesmo ano, 1928, 226 pp. A 5ª foi publicada pela Companhia Editora Nacional em 1929, 272 pp. Esta edição, capa impressa em azul com o fundo branco do cartão e *EU E OUTRAS POESIAS*, em vermelho. Na capa saiu, 5ª edição, porém na página de rosto da mesma foi impresso erradamente 4ª edição. Foi feita uma errata e colada na página de rosto (vide o fac-simile). A 6ª com um estudo de Antônio Torres sobre o poeta, 1934, 271 pp. editada por Bedeschi, Rio de Janeiro. 7ª—1936; 8ª—1936; 9ª—1939; 10ª—1942; 11ª—1944; 12ª—1945; 13ª—1945; 14ª—1946; 15ª—1947; 16ª—1950; 17ª—1950; 18ª—1951; 19ª—1952; 20ª—1953; 21ª—1954; 22ª—1955; 23ª—1956; 24ª—1957; 25ª—1958; 26ª— 1959; 27ª 1960; 28ª—1961.

A 29ª, foi publicada pela Livraria São José comemorativa dos cinquenta anos do seu aparecimento 1912-1962, porém, com a data de 1963. Esta também publicou a 30ª edição em 1964 e finalmente a 31ª em 1971.

A edição de 1971 foi acrescida com mais 39 Poesias recolhidas em jornais (1900/1914) com o título *POEMAS ESQUECIDOS*, reunidos por De Castro e Silva, nas obras: *Augusto dos Anjos, o poeta da morte e da melancolia*, Curitiba, 1944 e *Augusto dos Anjos, o poeta e o homem* - Belo Horizonte, 1954. Esta edição, a 31ª, reproduz o *Elogio a Augusto dos Anjos* por Orris Soares sem a *nota urgente*. Texto e nota de Antônio Houaiss, notas biográficas de Francisco de Assis Barbosa.

A Editora Paz e Terra já publicou 2 edições, a última em 1978, com o título de *TODA A POESIA*, com um estudo crítico de Ferreira Gullar: *Augusto dos Anjos ou Vida e Morte Nordestina*, e apresentação do crítico Otto Maria Carpeaux. Esta reproduz *ipsis literis* a 31ª edição da Livraria São José, apenas invertendo a ordem dos poemas.

Esta, a primeira edição da Itatiaia, não é uma edição crítica, o que prometemos para breve, porém foram acrescentadas 67 *novas* composições recolhidas em jornais e revistas da época. Esperamos que os admiradores de Augusto dos Anjos nos ajudem para que em futuro breve possamos apresentar a obra Poética Completa de Augusto dos Anjos.

A Coleção *Poetas de Sempre* pretende divulgar em edições cuidadas o que de melhor já produziram os nossos melhores poetas sem distinção de épocas ou escolas.*

NOTA DA EDITORA GARNIER

Na edição de 1982, publicada pela nossa co-irmã Editora Itatiaia, acrescentou-se uma terceira parte, até então inédita em livro, tendo por base a 1ª edição de 1912.

A terceira parte: Outros Poemas Esquecidos, devemos aos pesquisadores do Departamento Editorial da Itatiaia que publicou a obra de Augusto dos Anjos em 2 volumes distintos, Eu da edição príncipe seguidos dos acréscimos.

---

* Nota da Editora Itatiaia, 1982.

TEXTO E NOTA*.

Antônio Houaiss

1 Esta nota deveria, em boa técnica, ter aparecido na primeira edição feita pela Livraria São José dos poemas de Augusto dos Anjos, queremos referir-nos à anterior 29 ª — à presente.

1.1 A omissão da nota motivou, justificadamente, algumas reações inconformadas, por parte de leitores fiéis do poeta, os quais não dispunham de elementos informativos para aferir os critérios seguidos para o estabelecimento do texto. Esperamos que já agora as dúvidas então suscitadas possam, graças ao que adiante se expõe, ser dirimidas ou, pelo menos, colocadas em bases menos impressionistas.

1.2 Embora não seja o objetivo desta nota terçar argumentos com publicistas que se pronunciaram sobre a 29ª edição, não podemos furtar-nos ao dever de consignar o aparecimento de, pelo menos, duas recensões — as quais, à maneira de introdução a esta nota, são adiante glosadas naquilo que se refere, direta ou indiretamente, ao texto (já que nossa missão, aqui, é de mero crítico textual ou, mais modestamente, de mero estabelecedor e responsável do texto, na feição por que ora se apresenta).

1.3 O Senhor Ledo Ivo, numa das suas excursões críticas, aproveitou-se do ensejo para luzir suas graças de entendido, por dentro, em matéria de factura poemática. Fê-lo num artigo — "*Arredores de um pronome*" —, aparecido a 4 de maio de 1963, na página 4 do "*Suplemento Literário*" de *O Estado de São Paulo*. Tentando o que se poderia chamar uma projeção impressionista do valor de Augusto dos Anjos dentro da literatura brasileira e, para isso, estabelecendo uma como genealogia criadora do Poeta, chega — ao nosso ver com um certo acerto que confirma que trilhas erradias podem levar a porto não inseguro — ao seguinte conceito:

> A investigação sistemática desse território onde se planta o fazer poético de Augusto dos Anjos haveria, decerto, de retificar-lhe a situação crítico-histórica. Em lugar de ser considerado um caso de psiquiatria ou de injustiça administrativa; o poeta passaria a ser visto como um caso de poesia, um "monstro de escuridão e rutilâncias, um cantor da Morte e das desagregações".

1.4 Chega a esse porto não inseguro sem nos dizer, entretanto, qual a razão por que, numa "investigação sistemática desse território onde se planta

* Introdução à 30 ª edição e 2ª da Livraria São José, publicada em 1965. Este texto foi reproduzido da 31 ª edição e 3 ª da Livraria São José — Rio de Janeiro, 1971.

o fazer poético de Augusto dos Anjos", se excluiria a pesquisa do seu eventual "caso de psiquiatria" ou de 'injustiça administrativa". Não seria mais razoável lamentar a pobreza infinita de nossa crítica quanto ao poeta — não obstante a existência, já, de alguns esboços pertinentes? Não seria mais razoável, ainda, ir além deste esquema que nada explica — "um cantor da Morte e das desagregações" —, e postular a pergunta de por que foi isso e como conseguiu, se o conseguiu?

1.5 Mas o pertinente para o nosso caso de responsável do texto é a seguinte passagem do Senhor Ivo:

> A presente edição (refere-se à 29ª, este parêntese é meu), fruto desse propósito festejeiro (pois até mesmo os pessimistas acreditam nas efemérides), documenta a fraqueza ou escassez do pecúlio crítico de Augusto dos Anjos. É mais uma encomiástica edição popular, como as anteriores a cargo da editora Bedeschi, sem nenhum aparato crítico ou colocação (creio, em boa fé, que o Senhor Ivo terá originalmente posto "colação", palavra mal lida pelo linotipista — e este parêntese é também meu) de textos, e singelamente fundada sobre o culto à personalidade. As incorreções ortográficas e textuais são visíveis a olho nu.

1.6 As "incorreções ortográficas" foram mínimas na 29ª e as "textuais" deveriam ter merecido menção, pois que, relevantes, talvez pudessem ajudar ao futuro estabelecimento crítico do texto de Augusto dos Anjos. Mas certamente o Senhor Ivo terá reputado "incorreções ortográficas" o que eram formas deliberadamente encampadas pelo responsável do texto, o qual não dispõe, nessa matéria, dc iluminações intuitivas, e procura, por isso, humildemente, guiar-se por dúvidas — até que alguém, fundadamente, isto é, não impressionisticamente, possa dirimi-las de forma linguisticamente satisfatória.

1.7 Já o Senhor Fausto Cunha, com direção metodologicamente certeira e intuito fecundamente construtivo, dedicou à 29ª edição dois artigos, no *Correio da Manhã,* um a 15 de junho de 1963, "Augusto dos Anjos, salvo pelo povo", outro a 22 do mesmo mês e ano, "Toma as espadas rútilas, guerreiro". Desses dois importantes artigos, sentimo-nos no dever de extratar, para aqui, duas passagens, que se relacionam com o problema textual. A primeira é a seguinte:

> As edições do "Eu" foram sempre destinadas ao leitor popular e desde a de Castilho (3ª, que possuo), traz erros grosseiros. A epígrafe de Petrarca nas "Duas estrofes", de tão truncada, parece etrusco. A 29ª edição, preparada por Antônio Houaiss e Francisco de Assis Barbosa, é a primeira tentativa de colocar Augusto dos Anjos ao alcance do leitor cultivado, sem o desespero dos erros tipográficos. Tentativa, porque o

critério adotado para o texto — a lição de Houaiss — parece-me discutível em vários pontos. Não vou terçar armas, aqui, com um mestre dessa disciplina que atende pelo cabuloso nome de ecdótica; mas acho que Houaiss leva demasiado longe a sua erudição. Nunca, em vinte anos de Nordeste, ouvi alguém dizer "créança", "créação". Enfim ... Que os ecdóticos com os ecdóticos se entendam. Peço unicamente que na 30ª edição devolvam – o "pequenina" da "pequenina sanguessuga"(está "pequena").

1.8 Ao Senhor Fausto Cunha agradecemos a menção à boa lição textual, "pequenina sanguessuga", restaurada nesta 30ª edição. Quanto à observação relacionada com "créança" e afins, devemos, respeitosamente, reconhecer que a falta de uma nota esclarecedora dos critérios seguidos para o estabelecimento do texto foi responsável pela dúvida, em tudo o mais cabalmente pertinente, levantada pelo Senhor Fausto Cunha. Mas as razões que militaram para as muitas 'lições conservadoras" do texto — que leitores menos avisados teriam, como o Senhor Ivo, considerado "erros tipográficos"— poderiam, em função do caso vertente (isto é, de um caso do tipo de "creança" e, sobretudo, "creação"), ter uma larga e longa explicação, que procurarei sintetizar:

a) canônica gramatical e vocabular na língua tem tido seu esforço de codificação sistemática coroado de algum bom êxito a partir de três décadas a esta parte; mas mesmo esse esforço tem sido feito com base em opções rígidas, que vêm sacrificando, sob premissas puristas, formas vivas válidas da língua, sob a pressão de uma ilusão — a de uma só forma "correta";

b) os escritores, os anteriores a isso, mais do que os coetâneos desse esforço e os contemporâneos, têm sempre revelado dentro de sua linguagem a existência de uma realidade social incontestável em matéria de língua, sobretudo da portuguesa no Brasil — com espelharem vacilações, sincretismos, concomitâncias e procuras de formas, valores e funções linguísticos;

c) procurar, destarte, não refletir no estabelecimento de um texto esses fatos, é dar uma visão duplamente falsa — porque contemporânea e porque imobilista; foi o que se procurou evitar; mas dúvidas havia-se e há-as, aos montes, a quem se proponha semelhante critério, pelo simples fato de que (tal como na crítica literária) faltam os estudos monográficos históricos exaustivos que pudessem servir de ponto de referência para elucidar as controvérsias. Faltando tais estudos e suas sínteses, a única direção fecunda — pareceu-nos mais do que nunca em matéria de ecdótica — seria, por conseguinte, através da "lição conservadora", documentar tais fatos: o texto assim estabelecido pode, com segurança, ser fonte para todos os tipos de estudo, críticos, estilísticos, estéticos, éticos, e também gramaticais, vocabulares e o que mais for;

d) no caso de "creança", "creação" e um sem número de formas afins, conservadas no texto, há, por fim, que acrescentar algo mais, de forma genérica: trata-se de formas sobre as quais lavrou controvérsia erudita, de que Augusto dos Anjos teria sido vítima, como o foram todos os que escreviam reflexivamente ao seu tempo. Um ponto, entretanto, da observação do Senhor Fausto Cunha merece, ainda, rápido comentário: louva-se ele do fato — que nem remotamente me suscita objeção — de, nos seus mais de vinte anos de Nordeste, jamais haver ouvido algo como "créança", "créador". Permita-nos ele as seguintes achegas para o fato concreto em apreço: a) é ponto que a dialectologia do Nordeste está a sistematizar, e que os estudos de sua pronúncia culta deverão pesquisar, que as pretônicas "o" "e" tendem a apresentar-se numa de duas extremações, já do extremo abrimento — "o" "e" "é" — já de extremo fechamento — "u" e "i"; b) que as camadas de idade mais velhas, e as mais periféricas dos centros urbanos, e as mais tradicionais, tendiam, nos vocábulos de curso popular intenso, para o extremo fechamento (o que se documenta, por exemplo, nos topônimos tradicionais, "Ricife", "Furtaleza"); c) que as camadas de idade mais novas, e as mais urbanas, e as menos tradicionais, e, mesmo, as mais culturalizadas (como a mocidade universitária) tendem para o extremo abrimento, nos dias de hoje (tendência que ouso reputar provisória, na presunção de um pan-brasileiro que muito cedo se consolidará, a crermos em certas outras tendências já observadas); d) entre esses dois extremos, "criador", de um lado, e "crêador", de outro (ainda que não documentado, como creio com o Senhor Fausto Cunha, e creio ainda para o Nordeste de agora), admitir, num Augusto dos Anjos, com tendências eruditas e populares (documentadas também nos seus escritos), num fonetismo tenso como é o seu, uma forma pseudocanônica "creador" (e não "criador" ou "créador") é hipótese profundamente válida, que só a lição conservadora poderia preservar (a qual não exclui, é óbvio, as potencialidades de "criador" e, mesmo, "crêador").

1.9 Ao trecho acima citado da autoria do Senhor Fausto Cunha segue-se este outro, de suma importância para os editores da 29ª e presente edições:

> Peço, igualmente, que não sejam mantidos aqueles versos "esquecidos", extremamente ruins, que o poeta não incluiu no seu livro e que ninguém tem o direito de ressuscitar. Só servem para enfear a imagem crítica do poeta. Que baste o holocausto de Machado de Assis, do qual todo ano saem vinte volumes de escritos inéditos.

1.10 Que o Senhor Fausto Cunha, que todo o respeito nos merece pelo espírito fecundo com que vazou seus dois artigos, nos permita discrepar frontalmente desse seu ponto de vista, no que ele tem de consequências práticas. É que, de um estrito ponto de vista estético (ainda assim discutível, pois não é certo que as categorias do belo e do bom-gosto sejam nodais da problemática da estética), é incontestável que ele tem razão, ao achar que os escritos não encampados pelo ânimo autoral do criador como expressivos de sua criação tendem, de regra, a "enfear" a imagem do criador. Mas, no caso de Augusto dos Anjos, sua objeção, a ser consequente, deveria também estender-se às "Outras poesias", insertas a partir da 2ª edição no volume de *Eu*. Em ambos os casos, entretanto, não se visa, hoje, a "embelecer" a imagem do criador, mas tão-somente a documentar, para quaisquer tipos de pesquisa que se venha a fazer da criatura e do criador, as fases documentais e documentáveis de ambos. Fora de uma perspectiva estritamente "estética" (que foi a do Senhor Fausto Cunha), sua tese não se sustenta. Outra não é, aliás, a lição que se depreende do procedimento crítico em todas as partes do mundo, para com todos os criadores literários de certa importância para a sua ou subsequentes gerações. Esta também a razão por que, contra o voto em apreço, a presente edição não só conserva os "Poemas esquecidos" (menos um), mas acrescenta mesmo outro, além de retificar a estrutura poemática de um terceiro.

1.11 A 29 ª edição, bem como a presente, não são, do ponto de vista ecdótico, edição crítica, nem do ponto de vista da história literária, da crítica literária, da história biográfica e da crítica biográfica, edição com pretensões exaustivas ou reveladoras "da verdade". Como edição, pretenderam ser fidedignas, apresentando um texto honesto, e uma "Introdução" que situasse um pouco o homem no tempo para o leitor corrente, sem sequer ferir uns quantos problemas inevitáveis, já anteriormente esboçados por outros angelistas, já ainda não pesquisados. Assim, embora não me caiba falar por Francisco de Assis Barbosa, o artigo do Senhor Horácio de Almeida, "Pretensa introdução ao poeta do *Eu"*, estampado no *Jornal do Comércio*, do Rio de Janeiro, a 23 de junho de 1963, parte de um equívoco, nele labora, para findar num ressentimento. E vamos ao que importa, como nota sobre o texto.

2. Na "Introdução" que Francisco de Assis Barbosa — meu amigo sem par e grande angelista — preparou para a já referida 29ª edição, foi dito o pertinente com respeito às bases sobre as quais foi assentado o texto, valendo repeti-lo:

> Tanto do texto de *Eu*, como das "Outras poesias", serviram para o cotejo as edições *princeps* de 1912 e 1920. Os textos dos "*Poemas Esquecidos*" não puderam ser cotejados, nem com os originais, nem com os jornais onde foram estampados.

2.1 O que acima diz Francisco de Assis Barbosa pode ser, já nesta 30ª edição, objeto das seguintes precisões:

a) no geral, não se dispõe de manuscritos autógrafos dos poemas, razão por que essa fonte por excelência para o estabelecimento do seu texto não pôde ser de recurso;

b) para o *Eu*, o texto de base foi o único estampado em vida do poeta, a 1ª edição, *princeps* em todos os seus efeitos para com o *Eu*. Isso não obstante, dada a suma importância da 2ª edição, feita por amor e devoção, por Orris

Soares, foi ela sempre consultada e cotejada, como termo de referência para dúvidas, bem como — já em menor grau de consideração — a 3ª e a 28ª;

c) para as "*Outras Poesias*", o texto de base foi o da 2ª edição, *princeps* em livro para essa parte dos poemas, aproveitando-se também o da 3ª e 28ª para consulta e cotejo;

d) para os "*Poemas Esquecidos*", o texto de base, na 29ª edição, foi estabelecido de versões estampadas nos dois livros de De Castro e Silva — *Augusto dos Anjos, poeta da morte e da melancolia*, Curitiba (1944), e *Augusto dos Anjos, o poeta e o homem*, São Paulo, 1954. Na presente edição, em que se excluiu, por sumamente duvidosa a autoria, o soneto "O oxigênio eficaz do ar atmosférico", inclui-se o soneto "Canta teu riso esplêndida sonata" e retificasse o soneto "Para quem tem na vida compreendido", antes publicado como se fossem apenas duas quadras.

2.2 Quando se fizer uma edição crítica da obra poética de Augusto dos Anjos será de esperar:

a) que quaisquer manuscritos autógrafos por acaso localizados no entretempo venham a ser cotejados, embora o ânimo autoral definitivo do *Eu* deva sempre ser visto na 1ª edição, a única em vida do poeta: essa primazia do impresso em vida sobre o autógrafo, no caso do *Eu*, é matéria que não deve padecer dúvida, já que o poeta mesmo teria revisto as provas do livro ou pelo menos as teve sob sua sanção e já que, a haver alterações substantivas nele em relação ao manuscrito (salvo, pois, os erros tipográficos óbvios), foram decididas pelo próprio poeta. Com relação aos outros poemas todos — salvo eventual depoimento do próprio poeta que disponha diferentemente —, quaisquer autógrafos deverão representar a versão textual primaz: é que, neste caso, qualquer alteração textual tipográfica não terá tido a chancela explícita do poeta;

b) que quaisquer erratas, impressas ou autógrafas (estas, nos vários exemplares oferecidos pelo poeta, com eventuais correções do próprio punho), venham a ser levadas em linha de conta prioritária para tudo quanto não se refira ao mero aspecto ortográfico;

c) que, das "*Outras Poesias*", faltando os autógrafos, cujo aproveitamento se deveria fazer segundo as coordenadas delineadas em *b* imediatamente *supra*, deverão merecer as honras de texto de base as versões estampadas em periódicos, em vida do autor, embora com as reservas de rigor (pela consabida precariedade de tipografação que eiva semelhantes fontes periódicas);

d) que, dos "*Poemas Esquecidos*", faltando também os autógrafos (como é dito em *b* e *c* imediatamente *supra*), são as versões primeiramente estampadas nos periódicos que deverão servir de fonte textual prioritária, versões, neste caso, tanto mais importantes quanto mais suspeitas são as que serviram de base para esses poemas tal como estampamos na 29ª edição. A este respeito, fique claro que o ânimo dos responsáveis daquela 29ª edição foi — não podendo então embarcar na empresa da pesquisa *in loco*, mas tendo em vista a progressiva deterioração que invade nossos arquivos em geral e o deperecimento galopante de nossos periódicos impressos em geral do fim do século passado e inícios do presente — que melhor fora preservar tais poemas "documentais" em má versão do que arriscar-nos a vê-los definitivamente perdidos.

3. Do que acima se diz se depreende, claramente, que o presente texto não é um texto crítico. O estabelecimento de semelhante texto está a desafiar a argúcia filológica dos nossos especialistas, pelos problemas próprios dessa ciência e pelo caráter marcadamente personalista da linguagem de Augusto dos Anjos — não tanto na sua sintaxe ou na sua morfologia *stricto sensu*, senão que no seu vocabulário, nas suas estruturas e, nestas, em certos vezos quase padrões morfológicos, morfonemáticos, fonemáticos e fonéticos. É que como o disse na "Apresentação", em nível didático secundário, de *Augusto dos Anjos, poesia* (Clássicos Agir, Rio de Janeiro, 1960), e sinto caber aqui reiterá-lo — o poeta "propende para um tipo de fonetismo pouco corrente ao normal da língua portuguesa no Brasil — com oferecer em cada verso grupos consonânticos raros nos usos correntes ou mesmo líricos na língua ( )".

3.1 Destarte, defrontamo-nos com a única alternativa. A única alternativa criticamente honesta, no estabelecimento de um texto que não seja ele mesmo crítico, é a chamada versão textual conservadora — a seguida nas edições da Livraria São José, com os tropeços de qualquer obra humana, vale dizer, com umas quantas imperfeições na primeira, a 29ª edição, que esperamos ver grandemente diminuídas na segunda, a presente. A versão textual conservadora, no caso, se caracterizou pelas seguintes normas genéricas:

a) simplificou o revestimento gráfico, da ortografia, mas de tal arte que se procurou não trair nenhum fato linguístico propriamente dito, subjacente na ortografia que se simplificava; desse modo, todos os valores ou funções realmente diferenciais, bem como todos os valores ou funções potencialmente diferenciais de fatos linguísticos foram respeitados, respeitando-se, mais ainda (e esse o traço conservador por excelência) todos os casos duvidosos, quando por ora insanáveis ou não superáveis;

b) corrigiu os chamados erros tipográficos óbvios, isto é, aqueles em que o leitor médio não atenta, numa leitura correntia, tão óbvia é a lição verdadeira que não está impressa;

c) conservou todas as formas duvidosas, desde que passíveis de uma interpretação satisfatória, ainda que algo inverossímil;

d) não alterou a pontuação das fontes, senão quando ocorresse incidência gritantemente inexplicável, a postular erro tipográfico.

4. Seria, agora, o caso de aqui estampar as normas específicas que nos guiaram no estabelecimento do texto — mas isso alongaria demasiado a presente nota entretanto já tão longa. Ao leitor particularmente interessado na matéria, ousamos recomendar-lhe louvar-se de trabalho especializado que fizemos no respeito: que se vejam os parágrafos 4.2.1 a 4.4.4, páginas 59 a 102, das *Memórias póstumas de Brás Cubas*, Comissão de Machado de Assis, Obras de Machado de Assis, VI, Rio de Janeiro, Instituto Nacional do Livro,

1960. O critério ali seguido foi o aqui seguido, *mutatis mutandis*. No caso concreto, o *mutatis mutandis* quer, além de outras, dizer duas coisas principais: lá, procurava-se uma edição crítica; aqui, cogitou-se pura e simplesmente de uma edição conservadora.

5. Dispensando-me, assim, e ao leitor, de dar os pormenores dos critérios de estabelecimento deste texto, não me dispenso, entretanto, de dar conta pública de certas modificações, propostas por certos leitores excepcionalmente lúcidos de Augusto dos Anjos — um, o Senhor Guilherme dos Anjos, afeito desde sempre (digamos assim) à obra paterna; outro, o Senhor Victor M. Ragghianti, cujas observações se baseariam em emendas autógrafas do poeta, feitas em exemplar dedicado ao tempo a leitor privilegiado; outro, por fim, o grande angelista e erudito e amigo, M. Cavalcânti Proença. De todos, algumas correções não são mencionadas, por haverem coincidido com as nossas já feitas no exemplar com vistas à 30ª edição e por entrarem, via de regra, no campo ou dos erros tipográficos, poucos, ou de verificações a tempo da boa lição textual. Alinhadas na ordem por que aparecem no livro, sua consulta e verificação serão expedidas por parte do leitor interessado:

1) em "*As cismas do destino*" (I, 10ª estrofe), *et passim*, o Senhor Guilherme dos Anjos quereria que a lição "egualitária" fosse "igualitária". Seguiu-se a lição conservadora; veja-se *mutatis mutandis*, o que se diz em 1.8 *supra*. Veja-se, também, complementarmente, o que digo na nota 110 do meu *Augusto dos Anjos, poesia*, citado:

2) em "As cismas do destino" de novo (I, 11ª estrofe), o Senhor Guilherme dos Anjos pediria "*Zunia. E na ígnea crosta do Cruzeiro*", em lugar da lição seguida com "crosta", da *princeps*, confirmada na 2ª edição. Salvo correção preferencial autógrafa do poeta, não há como aceitar a modificação proposta, sabido como é que a palavra em apreço vive, na série em "o", sob as formas "crostra; costra; crosta", sem falar da série sem "u", "crustra; crusta; custra", a segunda forma das quais também verossimilmente do poeta;

3) em "*As cismas do destino*", ainda, o Senhor Guilherme dos Anjos retificou, procedentemente, a lição do primeiro verso da III parte, 23ª estrofe, "*Por descobrir tudo isso, embalde cansas!*" (que saíra "*Para* (...).

4) em "*As cismas do destino*", por fim, o Senhor Guilherme dos Anjos pede, na III parte, 29ª estrofe, "*Sem poder, entretanto, compreendê-las*". Não vimos fundamento para a rejeição da lição conservadora, contra a qual nada de válido pode haver, "no entretanto";

5) em "*Os doentes*", IX, 8ª estrofe, o Senhor Guilherme dos Anjos restaura a lição *princeps* "*Repuxavam-me o rosto... Hirto de espanto*", em que a 29ª edição tinha erroneamente "*Repuxam-me* (...)";

6) em "*Mater*" corrigimos, tal como o apontou procedentemente o Senhor Fausto Cunha, o verso "*Do que essa pequenina sanguessuga*" (ver *supra* a citação em 1.7 e o início de 1.8);

7) corrigimos o grave erro tipográfico que aparecia em "*Queixas noturnas*", no início da 11ª estrofe, onde a 29ª trouxera, em lugar de "*se estorça*", um infeliz "*se esforça*", que violava a gramática de forma torpe; o Senhor Guilherme dos Anjos também notou o fato;

8) preferimos em "*Insônia*", na 9ª estrofe, tirar o acento agudo de proparoxítono em "*hieróglifos*", pondo "*hieroglifos*", em lição conservadora, já que o vocábulo, que ocorre mais de uma vez no poeta, pode ser também paroxítono, ainda não se dispondo de meios de convicção;

9) ainda em "*Insônia*", o Senhor Victor M. Ragghianti nos ampara com indicar-nos a lição verdadeira do primeiro verso da 13ª estrofe, que se inicia por "*Grita*" e não "*Cria*", lição errônea saída na 29ª edição;

10) em "*Tristeza de um quarto-minguante*" os nossos três colaboradores espontâneos contribuíram para o refazimento da lição verdadeira da 18ª estrofe, com a correção de um erro tipográfico óbvio, "*insensibiliza*", e a restauração da boa lição "*pedir*" (que saíra na 29ª edição como "*medir*");

11) em "*Mistérios de um fósforo*", restauramos a boa lição da 20ª estrofe, em que um autêntico "*simbiótica*" saíra na 29ª edição "*simbólica*", correção para a qual o Senhor Guilherme dos Anjos também nos chamara a atenção;

12) em "*Louvor à unidade*" corrigimos o erro óbvio (em rima) de "*invadem*", quando o correto óbvio era "*invade*",

13) em "*Mágoas*", o Senhor Guilherme dos Anjos propõe para o último terceto a seguinte lição:

> Cansado de pisar pelas estradas,
> Exausto de chorar mágoas passadas;
> Hoje eu carrego a cruz de minhas dores.

Em cotejo com a lição estampada, que julgamos dever conservar enquanto fonte menos impura não no-la invalidar, a modificação proposta parece derivar de uma análise racional da composição, excluindo os elementos de possível deliberação que há no jogo de palavras e de clichês da lição por nós aceita;

14) em "*Idealizações*", 2ª estrofe, "*É tudo em vão! Atrás da luz dourada*", a palavra "*dourada*" poderia ser outra, eventualmente "*iriada*", já que a fonte estranhamente tem "*d'rada*";

15) no mesmo poema, II, 2ª estrofe, Guilherme Augusto dos Anjos quer "*Eterizadas, volatilizadas*", em lugar do estranho "*volaterizadas*". Há muita probabilidade na correção proposta, que registramos apenas, já que a versão do poema todo inteiro comportaria correções outras em mero plano de probabilidade;

16) Cavalcânti Proença intuíra, lucidamente, que o primeiro verso de "*Senectude precoce*" deveria ser "*Envelheci. A cal da sepultura*" (em lugar

de "*Envelheci. A cálida sepultura*"). Lição ora localizada, como se conta no parágrafo seguinte, corrobora a intuição de Cavalcanti Proença. Corrigiu-se destarte o lugar;

17) Fausto Cunha, com toda a razão, estranhara, nos artigos seus acima referidos, o estropeamento da epígrafe de Petrarca às "*Duas estrofes*". A lição — expungida de defeitos formais — adotada por Augusto dos Anjos quando da primeira publicação do poema em jornal e confirmada na 1ª edição, e por isso aqui conservada, é substancialmente discrepante da que abaixo se transcreve, extratada da edição bilíngue de *Les oeuvres amoureuses de Petrarque — Sonnetes — Triomphes,* organizada e traduzida por P. L. Ginguené, Paris, Garnier Frères, 1875, pág. 296:

> O! ciechi! il tanto affaticar che giova?
> Tutti tornate alla gran madre antica,
> E'l nome vostro a pena si ritrova.

Ora, é óbvio que, se a lição de Augusto dos Anjos não é originalmente petrarquiana (o que não pudemos, com efeito, verificar), estamos em face de deliberada alteração dele mesmo: estilisticamente, a versão acima representa uma como posição paternalista ou de terceiro, de Petrarca ante os outros mortais, enquanto a lição de Augusto dos Anjos é solidária, ele próprio incluindo-se entre os mortais. Assim, quer tenha quer não tenha base em lição autêntica de Petrarca, é insubstituível e "incorrigível", valendo, neste caso, citação parafraseada. Encerrando o assunto, será útil acrescentar que, segundo Cavalcanti Proença, a quem devemos a pesquisa, o vocativo "Ahi!" aparece em outras edições de Petrarca que compulsou em lugar de "O!" no primeiro verso.

6. A presente edição se beneficia, mais que tudo, porém, da importantíssima "*Contribuição a uma edição crítica dos poemas de Augusto dos Anjos*", estudo ainda inédito de autoria de Francisco de Assis Barbosa.

6.1 Procedendo a um levantamento sistemático das colaborações de Augusto dos Anjos em jornais da Paraíba, sobretudo *O Comércio e A União,* conforme as coleções existentes na Biblioteca Nacional do Rio de Janeiro, fez Francisco de Assis Barbosa trabalho de pesquisa que irá facilitar a elaboração da desejada edição crítica dos poemas, já que localizou um número impressionante de fontes primazes;

a) para todos os "*Poemas esquecidos*" estampados nesta 30ª edição, fontes citadas *in fine* de cada um dos poemas dessa parte deste volume;

b) para um número ainda considerável de "*poemas esquecidos*", que deverão ser integrados talvez à futura edição deste volume;

c) para quase *todos* os poemas do *Eu* — proporcionando-nos, destarte material importantíssimo de variantes, entre dois ânimos autorais, o de uma primeira versão em periódico e o da versão definitiva em livro.

6.2 A circunstância de que a coleção do *O Comércio da Biblioteca* Nacional esteja incompleta impediu que Francisco de Assis Barbosa fizesse, por ora, a desejável recolha exaustiva desse periódico, sendo de presumir que nos números desfalcados daquela coleção se encontrem ainda primeiras versões públicas de outros poemas — já do *Eu*, já dos "*esquecidos*". Um ponto ressalta, entretanto: é que das "*Outras poesias*" (estampadas após *Eu* a partir da edição preparada por Orris Soares) nem uma só teve sua versão pública naquele periódico (o que não é, por ora, asserção inconcussa, pendente a verificação nos números desfalcados da coleção citada). Esta omissão, a ser sistemática admite duas hipóteses importantes:

a) Augusto dos Anjos teria preparado esse material com vista a um segundo livro de poemas, preferindo-os totalmente inéditos;

b) estes seriam formas imperfeitas (tomada a palavra no seu sentido etimológico), sujeitas a elaboração final, ou teriam sido compostos *depois* dos últimos (cronologicamente falando) poemas aparecidos em *Eu*.

6.3 O que importa, entretanto, para esta 30ª edição, da pesquisa de Francisco de Assis Barbosa, é que, dentro dos critérios conservadores seguidos no estabelecimento do texto destes poemas *todas* as lições originais foram aqui adotadas, fazendo desta edição — esperamo-lo — a mais fidedigna e fiel até agora de quantas houve dos poemas de Augusto dos Anjos.

6.4 Julgamos inoportuno relacionar as alterações introduzidas em consequência da pesquisa referida. Mas um cotejo entre a edição anterior e a presente daria a medida da melhora obtida — de valor quantitativo e qualitativo. Vê-se, em conclusão, que de pequena data a esta parte estamos, colegiadamente, encaminhando-nos para o texto crítico dos poemas, base indispensável para que os estudos críticos e outros sobre Augusto dos Anjos e sua obra atinjam as condições da objetividade necessária à apreciação do poeta, da sua poesia e de sua importância em nossa evolução mental.

7. Para fecho, devo lembrar ao leitor benevolente que não se conhece livro sem erro tipográfico; há-os, é verdade, com um mínimo, como esperamos venha a ser esta 30ª edição, esperando também que as "*Outras poesias*" e os "*Poemas esquecidos*" possam servir de instrumento ou chave auxiliar para uma compreensão melhor do *Eu*, a obra que, efetivamente, reflete o ânimo autoral definitivo de Augusto dos Anjos, poeta em quem estraçalhado e desamparado amor da Vida, cuja visão lhe pareceu dever ser unitária e conspectiva, o levou a anteviver a Morte como tão seu necessário complemento, que seria impossível dissociar uma da outra.

Rio de Janeiro, 10 de setembro de 1964.

ELOGIO DE AUGUSTO DOS ANJOS

Oh! trabalho sagrado e magnífico dos poetas!
Tu arrancas todas as coisas ao destino,
tu dás imortalidade aos povos mortais.

LUCANO.

A montanha escabrosa ergue-se diante de mim. Vacilo galgá-la. O medo das alturas tira-me a força do ânimo... Mas a áspera colina luminosa tem que ser transposta, pois, assim, neste dezembro, me ordenam dois amigos entrados na minha estima*, e, voz em grita, manda obedecer-lhes o bem profundo devotado por meu coração ao bardo, que passou pela vida ferido de melancolia:

Melancolia! Estende-me a tua asa!
És a árvore em que devo reclinar-me...
Se algum dia o prazer vier procurar-me
Dize a este monstro que eu fugi de casa!

Quando a morte nos arrebatou Augusto, no plenilúnio dos seus vinte e nove anos, molharam-se-me os olhos e confrangeu-se-me o coração de desgosto.

Se tanto choro caiu quando Mistral se apagou, já carregado de noventa anos, por que não pranto ao rebentar de uma lira mal completada de mocidade? Embora ventura para toda espécie de mortal, por ser a morte as trevas dessa luz veemente que se chama a vida, é uma crueldade a parca mergulhar tão de manhã em peitos que se encheram de esperanças bem falantes, prometendo glórias à pátria.

A ronda fatídica devia conhecer ritmo, distinto para os valores espirituais, que todos são símbolos de sua gente e de seu meio. Desgraçadamente o destino ignora os danos que provoca com os seus decretos de cego infeliz, e tão implacável, que a mitologia faz dele divindade superior a Júpiter, o rei dos deuses.

---

* Celso Mariz e Álvaro de Carvalho.

Do fado amargurante de extinguir-se-lhe a respiração ainda na verdura dos anos, deixa o poeta transparecer o vaticínio nos lamentos de que encheu seus versos:

Na ascensão barométrica da calma,
Eu bem sabia, ansiado e contrafeito,
Que uma população doente do peito
Tossia sem remédio na minha alma!

A serpe desnaturada surgia-lhe sempre, como uma perseguição diabólica:

Tenho alucinações de toda sorte...
Impressionado sem cessar com a Morte.

Logo que a espantosa notícia do falecimento do vate paraibano me bateu aos ouvidos, nas ânsias de minha mágoa prestei juramento de pagar o quanto lhe devia de sensação, reunindo em volume, para riqueza e glória das letras brasileiras, todas as suas produções. Eis que afinal liquido a sagrada dívida, por via do bom compreendimento do Dr. Camilo de Holanda, presidente do Estado. Loas lhe sejam oferecidas por este acerto, documento de carinho aos frutos da inteligência.

Foi magro meu desventurado amigo, de magreza esquálida — faces reentrantes, olhos fundos, olheiras violáceas e testa descalvada. A boca fazia a catadura crescer de sofrimento, por contraste do olhar doente de tristura e nos lábios uma crispação de demônio torturado. Nos momentos de investigações suas vistas transmudavam-se rápido, crescendo, interrogando, teimando. E quando as narinas se lhe dilatavam? Parecia-me ver o violento acordar do anjo bom, indignado da vitória do anjo mau, sempre de si contente na fecunda terra de Jeová. Os cabelos pretos e lisos apertavam-lhe o sombrio da epiderme trigueira. A clavícula, arqueada. No omoplata, o corpo estreito quebrava-se numa curva para diante. Os braços pendentes, movimentados pela dança dos dedos, semelhavam duas rabecas tocando a alegoria dos seus versos. O andar tergiversante, nada aprumado, parecia reproduzir o esvoaçar das imagens que lhe agitavam o cérebro.

Essa fisionomia, por onde erravam tons de catástrofe, traía-lhe a psique. Realmente lhe era a alma uma água profunda, onde, luminosas, se refletiam as violetas da mágoa.

Nascera sofredor; e se tal não houvesse acontecido, impossível fora a Augusto librar-se tão às alturas dos píncaros. Só a dor remove o homem do terra-a-terra esterilizante. É a alegria aquele ópio que torna a alma descuidosa e cega: — dínamo de repulsão e dispersão. Dez vezes infelizes os que passam pela vida espanejando-se na alacridade de perpétuo contentamento. São os esconjurados. Nunca compreenderão a beleza dos mistérios, nem o mistério da beleza. A única força criadora e redentora é a dor. E de todos os seus partos o maior foi o da consciência do homem. Não houvesse dor, não haveria percepção. Se a consciência é o sentimento íntimo do "eu", só a dor possui a faculdade de aumentar, aclarando, essa manifestação imediata e poderosa da sensibilidade, enquanto a alegria, no seu rodopiar eterno de forçante, dançando ao som do pandeiro, a dispersa e anula.

Foi sempre amparado por essa visão sofredora que o poeta viu e sentiu a vida. Teve da dor a compreensão flagrante, sendo o seu coração, por ultrasensível, uma fonte inesgotável de aflições, que ele nunca soube distrair ou enganar:

És suprema! Os meus átomos se ufanam
De pertencer-te, oh! Dor, ancoradouro
Dos desgraçados, sol do cérebro, ouro
De que as próprias desgraças se engalanam!

Augusto entrou na vida pelo ano de 1884, e dela foi violentamente arrancado no tétrico 1913. Faltou-lhe atingir o marco da existência em que a criatura se apodera dos esplendores e riquezas de todas as suas aptidões mentais.

São os quarenta anos o apogeu da humana inteligência. Até aí o encanto da flor pode iludir o valor do fruto. Antes de alcançar essa fronteira, de cuja ribança o homem deve debruçar-se nas águas do rio que passa, todos são factíveis de alterações e mutações. Daí por davante, haver-se-á de ser o que se haja sido. Dobrando a quina dos quarenta, o pensador se desapega do engano das novidades, integrando-se no Pensamento puro, o que, partindo do fundo dos sentimentos, vai à praça fiado apenas nos quilates do seu próprio ouro.

Por muito que de mim procure na mémoria, não alcanço data mais velha à do ano de 1900, para o começo de minhas relações pessoais com Augusto dos Anjos. Feriu-me de chofre o seu tipo excêntrico de pássaro molhado, todo encolhido nas asas com medo da chuva.

Descia do *Pau d'Arco*, sombrio engenho de açúcar plantado à aba do Rio Una, vindo prestar exame no Liceu. O aspecto fisionômico então alertado, e o desembaraço nas respostas anunciavam a qualidade do estudante, cuja fama de preparo correu por todos os recantos do estabelecimento, ganhando foros de cidade. Cada ato prestado valia por afirmação de talento, e de peito aberto louvores se erguiam ao melancólico pai, único professor que tivera no curso de Humanidades.

Não soube resistir ao desejo de travar relações com o poeta. Fui imperiosamente atraído, como para um sítio encantado onde a vista se alerta por encontrar movimento. E de tal forma nos acamaradamos, que, dias depois, lhe devia o exame de Latim, desembaraçando-me de complicada tradução, numa ode de Horácio.

De certa feita bati-lhe às portas, na Rua Nova, onde costumava hospedar-se. Peguei-o a passear, gesticulando e monologando, de canto a canto da sala. Laborava, e tão enterrado nas cogitações, que só minutos após deu acordo de minha presença.

Foi-lhe sempre este o processo da criação. Toda arquitetura e pintura dos versos as fazia mentalmente, só as transmitindo ao papel quando estavam integrais, e não raro começava os sonetos pelo último terceto.

Sem nada pedir-lhe, recitou-me. Recorda-me, foram uns versos sobre o carnaval, que o batuque nas ruas anunciava próximo.

Declamando, sua voz ganhava timbre especial, tornava-se metálica, tinindo e retinindo as sílabas. Havia mesmo transfiguração na sua pessoa. Ninguém diria melhor quase sem gesto. A voz era tudo: possuía paixão, ternura, complacência, enternecimento, poder descritivo, movimento, cor, forma.

Dando de mim, estava pasmado, colhido pelo assombro inesperado de sua lira que ora se retraía, ora se arqueava, ora se distendia, como um dorso de animal felino.

Mais tarde, ouvindo no violoncelo um concerto de Dvorak, recebi impressão igual, de surpresa e domínio, à do meu primeiro encontro com os versos de Augusto.

A que escola se filiou? — A nenhuma. Se o homem vale por seus sentimentos, com dobradas razões o poeta, dada sua maior riqueza de sensações. Isso de escolas é esquadria para medíocres. Só existe uma regra de escrita — a do escritor apoderar-se de sua língua e manejá-la de acordo com o seu individualíssimo sentir. Se for um iluminado, fatalmente será grande, e, se lhe faltar a centelha divina, pode explorar quantos processos ou confrarias apareçam e não passará de número anódino, no meio da turba-multa dos escrevinhadores. O paradoxo de

Francis de Croisset, um *dandy* das letras, por espirituoso, não é menos verdadeiro: *une école c'est quelqu'un qui a du talent et beaucoup d'autres qui n'en ont pas.*

Há modos de versejar, nunca modos de poetar. O verso é o elemento material de que o espiritual é a poesia, podendo haver, como há, muito verso em poesia e muita poesia sem verso. O verso propriamente dito não é arte, é artifício. A arte está contida no elemento subjetivo, na alma da forma, que é a poesia. Não quero assim afirmar possa haver um verdadeiro poeta sem o verso. O verso está para a poesia em maior exigência que a pauta para a música. Platão não foi um poeta, foi um prosador poético, do mesmo modo Renan, embora muitas das suas frases sejam dos melhores versos da poesia francesa.

Todo homem vibra por suas paixões. Se assim o homem em geral, pior o poeta em particular, criatura cujo sistema nervoso se denuncia pelo maior grau de percepção com que o dotou a natureza. A paixão é um acréscimo da alma, um aumento de força da sensibilidade. Quando Montesquieu afirma que ela faz sentir e nunca ver, ou toma a paixão pela explosão das paixões, ou esquece que é debaixo de seu império que se criam as formas da arte e se apreendem os segredos da vida. E tal só se consegue sentindo-se, vendo-se e compreendendo-se.

Para ser suas paixões acima de mais nada, o poeta tem que sentir a vida, o amor, os desejos, a força, a vastidão, a piedade, a cólera, o que sorri à flor das águas e o que brame no fundo dos oceanos, tudo que é bom ou tudo que é mau, o que rasteja ou o que se alcandora, a beleza atraente e a repelente fealdade dentro de si mesmo, do seu temperamento transbordante, no mundo de sua visão. Afastando-se do "eu" para trabalhar conforme medida, pode conseguir talho pimpão, mas sacrificando-se na individualidade e imolando a lira. O que há, sempre houve e haverá é um gigante gravando a fisionomia nas medalhas que cinzela. A grandeza é uma decorrência íntima e sonora da própria personalidade.

Se o formoso e triste pássaro do amor, batizado de Alfredo de Musset, cedesse à rogativa de Lamartine para o imitar, não teria atingido ao poder de graça e sedução, com que ainda hoje, dormindo à sombra do seu merencório salgueiro, no *Père Lachaise*, conquista o exaltado coração dos jovens e o beijo doido das Ninons.

Timbrasse, por seu turno, o dorido criador das *Premières Meditations*, em ser Byron, por quem se arrebatou de entusiasmo, não teria feito o coração da França, conforme o dito sedutor de Júlio Janin, bater em nome de Deus e em nome de Elvira.

Se Baudelaire, o diabo de cornos e cauda, que importunou uma geração, houvesse seguido as pegadas de outrem, podiam se achar valores, mas não pepitas dentro de sua estrumeira.

No chamado parnasianismo, perfeito só é Leconte de Lisle, cujos versos lhe refletiam a plástica do físico. Não escrevia de pena, trabalhava de martelo e escopro em punho, arrancando das palavras todo o ritmo escondido.

Querendo Mallarmé lugar distinto ao sol, teve de apelar para os símbolos, como lhe exigia a musa enigmática. Destarte o excelente Verlaine, o maior dos contrastes nunca visto — alma de violências inopinadas escrevendo poesia com o fino e sedutor desenho de Girodet e a música extremamente pura, sutilmente mística, de Vincent d'lndy.

E a escola crismada de científica? Pergunto assim por muito supor ter-lhe sido o nome de batismo o de filosófica. Pelo menos, quanto me é dado saber, os críticos que até o século passado exploraram o *Poema da Natureza*, sempre trataram Lucrécio de poeta filosófico. Ainda depois disso, o saboroso Anatole, registrando a morte da miudinha Luísa Akermann, houve por acertado também assim chamar-lhe. Seria devido aos *Poemas filosóficos*?

Ignoro se os comentadores embaralham os dois termos, por mais clara que seja a dissimilitude. A Filosofia é o espírito da Ciência, enquanto a Ciência é a exploração do fato em si.

Para mim, nunca houve poeta científico ou filosófico, porque ainda se me não depararam ciência ou filosofia poéticas. O que sempre existiu foram poetas comovendo-se em face dos fenômenos da natureza das leis regedoras da vida e do mundo, como outros se arrebatam diante dos quadros de amor, exaltam-se pela beleza, quedam-se na contemplação, e vivem do ideal.

A admitir-se a existência da escola científica ou didática, como querem terceiros, então toda a poesia tem sido científica, dado serem os poemas verdadeiras lições de cátedra, explicando, reproduzindo, explorando acontecimentos históricos e tudo que se observa na terra, no ar e no céu. Isso desde Homero, o cego, ao cego Milton, passando pelo cego Camões, sem esquecer Dante —Torquemada a quem, aflito de amor, se beijam os pés, não obstante o perfil sinistro de ave de rapina.

Porque científico Lucrécio com o *Poema da Natureza*, e não Ovídio, com as *Metamorfoses*? E Shakespeare, o criador de mundos? E Goethe?

E esse, de ontem, Sully Prudhomme, sendo Hércules capaz de alcançar a corça dos pés de bronze, mas realmente poeta absorvido com o sentimento da felicidade e da justiça humana?

O que existe por todos os séculos além é a poesia, espiritualidade das coisas, e o poeta, intérprete dessa espiritualidade, por via, obra e graça de maior poder sensorial que os demais humanos. E tanto é poeta o que parte do real para se mergulhar no ideal, como o que desce do ideal para sentir o real. Nesta ascensão ou nesta descensão, cada um tem o seu colorido, a sua música, a sua forma, sua personalidade tocada de luz.

O título do livro vale por uma autopsicologia. É um monossilábico que fala. Este aqui, então, diz tudo, pintando de pincel a alma e o físico do autor. O *Eu* é Augusto, sua carne, seu sangue, seu sopro de vida. É ele integralmente, no desnudo gritante de sua sinceridade, no clamor de suas vibrações nervosas, na apoteose de seu sentir, nos alentos e desalentos de seu espírito.

Analisem-lhe as poesias, e em todas, como numa lâmina de aço polido, encontrarão espelhada a imagem do trágico poeta. Aquela amargura dos primeiros versos é a sua própria e singular amargura. Não fementia aos sentimentos e esta é a capital condição de valia de seus carmes. Quanto piores e anuviados os tempos, quanto mais de borrascas as horas, reduplica-se o valor da sinceridade. Foi um extraordinário sincero, destes de boa estofa, para os quais a mentira não oferece gosto, só desgostos.

No *Monólogo de uma sombra*, não treme, como parece, nenhuma acrimônia, sim angústias. Isto porque tudo lhe ressabia amargor. Imagine-se o tormento cruciante de um fantasma apoderado de horror pelos outros fantasmas. Tal por tal, é a poesia de abertura. Trinta e uma estrofes trovejando vinganças e provando, *pelas grandes razões do sentimento, que a mais alta expressão da dor estética consiste essencialmente na alegria*. A torturada sombra que fala, vem:

... de outras eras,
Do cosmopolitismo das moneras...

e todas as demais são de suplício, despertando piedade ou inflamando repulsas, a primeira entre as quais, a do filósofo moderno,

Esse mineiro doido das origens,

que ambiciona compreender,

... quebrando estéreis normas,
A vida fenomênica das Formas.

Depois surge novo espectro:

Este outro agora é o sátiro peralta
Que o sensualismo sodomista exalta.

A amaríssima vida desse Lázaro, como um escorpião, passa, torcendo-se, pela excitada pena do bardo que lhe encontra na consciência *um cancro assíduo.*

E três manchas de sangue na camisa.

Toda a poesia do *Monólogo* é um quadro mesológico, onde cada ser se movimenta dentro do seu ambiente:

...coreografia de danados,
A família alarmada dos remorsos.

Por fim de contas, na vibração de um protesto, fala a sombra do poeta, clamando:

Somente a Arte, esculpindo a humana mágoa,
branda as rochas rígidas, torna água
Todo o fogo telúrico profundo
E reduz, sem que, entanto, a desintegre,
À condição de uma planície alegre,
A aspereza orográfica do mundo.

Augusto foi um penitente dos livros, devorando-lhes as explanações, com sofreguidão de fome. Darwin, Haeckel, Spencer mereceram-lhe primazia, e por eles se orientou, sem, contudo, deixar-se subjugar, exibindo sempre, como um pavés de honra, os dons da liberdade de seu raciocínio. Nunca se despojou das faculdades de meditação e análise. Sua razão era uma soberana de vastos forais, austera e altiva.

Os exploradores de mundos, com as ilustrações de seus descobrimentos, enriqueciam-no, desdobrando-lhe o saber, mas, como a todo espírito autônomo, não lhe ensinavam a sentir. Foi-lhe mestra, neste particular, sua própria percepção, dom divinatório herdado a certos homens pelo berço, para lhes garantir a independência, quando assaltados por guerrilheiros de ideias.

Os livros também lhe serviam de refrigério:

Para iludir minha desgraça, estudo.
Intimamente sei que não me iludo.

Repelindo as frioleiras, que encantam e seduzem, Augusto ergueu-se às grimpas do pensamento humano, e de lá desferiu voo, galgando culminâncias inacessíveis ao comum dos mortais.

Servido por uma compreensão filosófica, que se assentava no princípio da evolução, transformismo e determinismo, para a regência do mundo, e na crença de reunirem as cinzas todas as formas da matéria gasta, só cabendo ao homem a continuidade emocional através da progênie, o poeta consubstanciou nela todos os seus prodigiosos versos. Servem de documento os que dedicou a um gérmen:

Começaste a existir, geleia crua,
E hás de crescer, no teu silêncio, tanto
Que, é natural, ainda algum dia, o pranto
Das tuas concreções plásmicas flua !
A água, em conjugação com a terra nua,
Vence o granito, deprimindo-o...O espanto
Convulsiona os espíritos, e entanto
Teu desenvolvimento continua!
Antes, geleia humana, não progridas
E em retrogradações indefinidas,
Volvas à antiga inexistência calma!...
Antes o Nada, oh! gérmen, que ainda haveres
De atingir, como gérmen de outros seres,
Ao supremo infortúnio de ser alma!

Certo, no pessimismo está a verdade verdadeira, a verdade inclemente. Mas só um espírito criado no leite do budismo e alimentado pelo schopenhauerismo, seria capaz de soltar grito tão desesperante.

Na retina do poeta é o preto a cor predominante, não devendo os matizes passar do meio-tom violáceo. A vida, na afligente esterilidade de suas energias, não lhe merece ser vivida. Tudo é negação. A felicidade reside no Nirvana, na Paz Absoluta, no Não Ser, no Nada, e tal é a convicção aterradora do poeta que chega a suplicar à geleia, forma inacabada, primeira animação da matéria, que não progrida, que não passe do seu silêncio de geleia, que fique na inexistência tranquila para evitar o infortúnio, a desgraça das desgraças, a desgraça de vir a ser alma.

Leopardi, beija aqui a face do teu irmão mais moço! Queres ver com que força de visão ele percebeu a mágoa eterna do homem, aquela mágoa que tanto te cruciou na vida? Olha:

O homem por sobre quem caiu a praga
Da tristeza do mundo, o homem que é triste
Para todos os séculos existe
E nunca mais o seu pesar se apaga!

Não crê em nada, pois, nada há que traga
Consolo à Mágoa, a que só ele assiste.
Quer resistir, e quanto mais resiste
Mais se lhe aumenta e se lhe afunda a chaga.

Sabe que sofre, mas o que não sabe
É que essa mágoa infinda assim, não cabe
Na sua vida, é que essa mágoa infinda

Transpõe a vida do seu corpo inerme;
E quando esse homem se transforma em verme
É essa mágoa que o acompanha ainda!

Coisa alguma de Antero de Quental apaga o brilho dessa gema. Digo maravilha perturbado de espanto pela percepção do poeta.

A mágoa é a única doença moral do homem, e o vate, com o ultravioleta do seu poder visual, alcançou que, mesmo no túmulo, não há libertação:

E quando esse homem se transforma em verme
É essa mágoa que o acompanha ainda!

Pascal, aquele possesso do demônio com rutilâncias de gênio, também ditou leis para modos de escrever: — *Il faut avoir une pensée de derrière et juger de tout par lá, en parlant cependant comme le peuple.*

Quanto ao pensamento preconcebido, compreende-se como a própria razão de ser do trabalho em elaboração, embora sofra mudanças radicais. O subconsciente, não raro, presta ao escritor maiores serviços que o próprio consciente. Para sua escrita e linguagem, porém, o artista só se utiliza das tintas de sua paixão, ou nunca será poeta. Augusto o foi, porque obedeceu exclusivamente ao temperamento que lhe coube por dádiva. Se da primeira para a secunda parte do livro há modificações, devem-se apenas à marcha ascensional do seu espírito.

Com o *Lamento das coisas*, atingiu à perfeição. É um soneto formidável, dos maiores da língua portuguesa; grande pela ideia predominante, grande pela verdade científica, grande pelo sentimento doloroso, grande pela estrutura. Exagero? Lede comigo:

Triste, a escutar, pancada por pancada,
A sucessividade dos segundos,
Ouço, em sons subterrâneos, do orbe oriundos,
O choro da Energia abandonada!

É a dor da força desaproveitada
— O cantochão dos dínamos profundos,
Que, podendo mover milhões de mundos,
Jazem ainda na estática do nada!

É o soluço da forma ainda imprecisa...
Da transcendência que se não realiza...
Da luz que não chegou a ser lampejo...

E é, em suma, o subconsciente ai formidando
Da Natureza que parou, chorando,
No rudimentarismo do desejo!

Augusto dispunha de um poder de penetração quase enigmático. Não era o trivial psicólogo das mexericadas humanas. Jamais! Penetrava na alma da Natureza como na de uma criatura íntima de quem se conhecem os refolhos. Vede aqui o soneto dedicado a Farias Brito:

Cansada de observar-se na corrente
Que os acontecimentos refletia,
Reconcentrando-se em si mesma, um dia,
A Natureza olhou-se interiormente!

Baldada introspecção! Noumenalmente
O que Ela, em realidade, ainda sentia
Era a mesma imortal monotonia
De sua face externa indiferente!

E a Natureza disse com desgosto:
"Terei somente, porventura, rosto?!
"Serei apenas mera crusta espessa?!

"Pois é possível que Eu, causa do mundo,
"Quanto mais em mim mesmo me aprofundo
"Menos interiormente me conheça?! "

As excentricidades dos acordes lúgubres de seu pletro levaram cultores de belas letras a incriminá-lo de extravagante, como se o caso do seu afastamento das normas vezeiras no Brasil, o incompatibilizasse com a grande razão da poesia.

Lá isso nunca! Mesmo quando a lira parece delirar, solta por mundos da imaginação, não há nas toadas a menor incoerência. Todas se entretecem de maneira que a urdidura das proposições forma verdadeiro corolário de ideias. Está aí à mostra o *Poema Negro* entressachado de alucinações, e sem a mais leve desconexidade.

Nele o poeta sonha, não é sonho, é pesadelo que o põe assombrado com a passagem velocíssima dos séculos. No meio da vertigem, ele quer saber quem é, para onde vai, e, dentro da angústia, torce os braços, vendo o verme frio, que lhe há de comer a carne toda:

É a Morte — esta carnívora assanhada —
Serpente má de língua envenenada
Que tudo que acha no caminho, come...
— Faminta e atra mulher que, a 1 de janeiro,
Sai para assassinar o mundo inteiro,
E o mundo inteiro não lhe mata a fome!

Nesta sombria análise o vate reconhece a própria sina, e torna a desvairar. Agora a morte enfurecida lhe levanta os grandes cutelos exterminadores:

E quando vi que aquilo vinha vindo
Eu fui caindo como um sol caindo
De declínio em declínio; e de declínio
Em declínio, com a gula de uma fera,
Quis ver o que era, e quando vi o que era,
Vi que era pó, vi que era esterquilínio!

Depois impreca à Natureza, madrasta, e não mãe. Clama vingança contra a semeadora terrível de defuntos que matou o seu tempo de criança. Súbito, outra visão negra lhe aparece: — Está em Roma, num dia de sexta-feira santa e os ventos gemedores dizem que Jesus é morto. O poeta, ungido de religiosidade, no atavismo de um arroubo místico, brada:

Não! Jesus não morreu! Vive na serra
Da Borborema, no ar de minha terra,
Na molécula e no átomo... Resume
A espiritualidade da matéria
E ele é que embala o corpo da miséria
E faz da cloaca uma urna de perfume.

Na agonia da sufocação desperta e vê, com amargura, o vazio de sua vida.

Tremenda iniquidade de Augusto consigo mesmo! Nunca a existência de um poeta será vazia, pois, dos atilhos que prendem o homem à terra, nenhum sobreleva aos da arte, tal a força dos seus entusiasmos, doçuras e cóleras.

Acusam-no de pobreza de sentimento, tomando-se esta sensação pela maneira terna, suave, docemente colorida de se expressarem as paixões da alma, quando ele mais não é que a alma excitada na paixão da verdade.

Mesmo que assim fora, como muitos assim querem, há versos de Augusto tão impregnados de lirismo que o defendem da acusação.

Os dois primeiros sonetos dos três dedicados ao Pai são de profunda ternura; *Ricordanza della mia gioventú* é de um encanto e sentimentalismo quase ingênuos; na *Barcarola* há o langor dos cancioneiros de Veneza e do Bósforo; as *Duas Estrofes* são puro João de Deus, a cuja enternecedora memória ele as dedica:

A quebra do teu lírico arrabil
De um sentimento português ignoto
Lembra Lisboa, bela como um brinco,
Que um dia, no ano trágico de mil
E setecentos e cinquenta e cinco,
Foi abalada por um terremoto!

A água quieta do Tejo te abençoa.
Tu representas toda essa Lisboa
De glórias quase sobrenaturais,
Apenas com a diferença triste,
Com a diferença que Lisboa existe
E tu, amigo, não existes mais!

Na poesia de Augusto nota-se a ausência de uma clave: a do amor com os seus sustenidos e trêmulos. Nas cordas do seu alaúde nunca estremeceu o som da volúpia:

"*Poète, prends tom luth, et me donne un baiser*"

Nada de encantos de dama entreflorindo-lhe os versos. O amor, seiva e fronde da vida, não lhe tirou uma lágrima, nem no peito lhe fez bater contentamentos. Tal caso não é, verdade maldita! Singularidade no país. Nos próprios poetas do amor, haja vista o magnífico Bilac, cujo sensualismo febril vai à lascívia, as mulheres passam como seres imaginários. As heroínas mil vezes decantadas e suspiradas não existiam, nem existem. São exuberâncias da gloriosa imaginação dos vates. Duendes cobertos de rosas. Procurem a influência feminina neste ou naquele artista, debalde o esforço! De Gonzaga a B. Lopes, há uma Marília e uma Sinhá, niveladas na mesma sensaboria, indo por além da velhice tocar na decrepitude. Ai damas do meu Brasil! *Et perdez vous encor le temps avec des femmes*? Corneille admirável! Quanto a Augusto, fale ele mesmo:

Sobre histórias de amor o interrogar-me
É vão, é inútil, é improfícuo, em suma;
Não sou capaz de amar mulher alguma
Nem há mulher talvez capaz de amar-me.

A derradeira cintilação do poeta, foi o soneto da última página. Já a morte, a olhos de todos, entrara-lhe no quarto, distendendo sobre o leito as asas encurvadas. De mansinho, calçando veludo, surge-lhe a inspiração para lhe beijar a fronte. A diva estremece por aquele moribundo e não quer vê-lo partir sozinho:

Hora da minha morte. Hirta, ao meu lado,
A Ideia estertorava-se... No fundo
Do meu entendimento moribundo
Jazia o Último Número cansado

Era de vê-lo, imóvel, resignado,
Tragicamente de si mesmo oriundo,
Fora da sucessão, estranho ao mundo,
Com o reflexo fúnebre do Incriado:

Bradei — Que fazes ainda no meu crânio?
E o último Número, atro subterrâneo,
Parecia dizer-me: — "É tarde amigo!

Pois que a minha autogênica grandeza
Nunca vibrou na tua língua presa,
Não te abandono mais! Morro contigo!"

Realmente não o abandonou, e vinte e quatro horas depois, caíam-lhe as pálpebras para todo o sempre, escondendo os tesouros com que a natureza o cumulara.

Três fatores fizeram a profunda tristeza de Augusto dos Anjos: — um de caráter individualíssimo, outro mesológico e o terceiro espiritual.

O primeiro dentre eles foi o da própria morte que o poeta trazia no seio. A princípio sofreu muito por obsessão da doença, depois foi a doença que lhe abriu os sulcos da consternação.

O segundo dos elementos originadores da sua melancolia, foi o meio ou, se quiserem mais forte, foi a raça. Muitas gerações brasileiras ainda têm que ser predominantemente, numa porcentagem de 75, tristes por força e causa dos elementos atávicos que atuaram na sua formação: — o índio perseguido, o negro escravizado e o europeu emigrado. Três doentes de tristura, cujo nome para o índio ignoro, chamando-se banzo no africano e nostalgia no imigrante.

Na América do Sul há uma distância clamorosa entre o homem de letras e o público. No Brasil, o caso se extrema — insignificante minoria profundamente culta e um vasto oceano de...

Ademais de tudo, entre nós, o homem de pensamento tem que ser triste porque se educa com livros estrangeiros, ideias estrangeiras, coisas estrangeiras, e vive num meio ainda longe de assimilar os frutos das poderosas civilizações.

Foi este o terceiro fator, o chamado espiritual, na formação da tristeza do poeta paraibano.

O *Eu* é um livro de sofrimento, de verdade e de protesto: sofre as dores que dilaceram o homem e aquelas do cosmos; e, em relação ao homem e ao cosmos, diz as verdades apreendidas por indagação e ciência, protestando em nome delas, pelo que no homem e no cosmos há de desconexo, de ilógico, de absurdo. Um livro de pensamentos, sem fantasia nem doidivanices. Como viu e sentiu a vida, — na multiplicidade dos fenômenos e na grandeza dos mistérios insondáveis —, assim escreveu o poeta, sempre molhando a pena na "chaga aberta do coração".

Todas as poesias vestem-se do mesmo tom de beleza sombria, possuem o mesmo poder sugestivo, a mesma opulência de erudição, a mesmíssima riqueza de imagens que se encontram nos versos citados.

Quisera fôlego para percorrer toda a extensão do terreno que o poeta desbravou e cultivou. Não me serviram os céus da necessária força.

E agora, às despedidas, levanta-se a saudade. Como a melancolia deste punge mais que o terror dos outros espectros! Tudo porque Augusto foi bom, dessa bondade solidária com todos os sofrimentos, bondade brandura que suaviza desesperos e acalenta almas.

Não teve largos instantes descansados, sendo-lhe a existência uma luta, trabalhando dia e noite, noite e dia. Canseira de professor de Ciências e Letras, obrigado a ensinar como único recurso de vida. Pobre, extraordinário Augusto!

No limiar do *Eu*, se lhe quiserdes experimentar a beleza, despi-vos dos pensamentos folgazões e furtivos, que todos são solertes e traidores. A vida aqui só há de ser compreendida por quem primeiro compreender a agitação e a amargura do poeta.

Passem de largo os endoidecidos da alegria, muito de largo. *Riqueza da alma, psíquico tesouro*, só é a dor.

Praia Formosa, Paraíba —Dezembro de 1919.

Orris Soares.

NOTA URGENTE — Sobre a inanidade de escolas, quisera socorrer-me de poetas brasileiros e com eles argumentar. Não por jeremíadas regionalistas, de que me sinto liberto. A pátria, eu a amo na expressão de humanidade que ela comporta e representa, alheando-me do fato de ser o Brasil terra de meu nascimento.

Conheço a força com que o ambiente opera na formação do indivíduo. Daí arazão do patriotismo. E em alta escala o prático, sem, contudo, perturbar o anseio de solidariedade humana que começa a envolver o homem, empurrando-o além-fronteiras. Será a pátria tanto mais vantajosamente querida, quanto mais o patriota não perca o contato com o sentimento universal.

Se, por um lado, a menção de poetas nacionais botar-me-ia perto de rico material, dando-me o gosto de expor nomes que valem medalhas, por outro, sentir-me-ia embaraçado por não ser aqui berço de nenhuma das correntes poéticas, passadas ou presente.

Quanto à poesia, minha compreensão se acentuou. Defino-a procurando o mais possível o elemento filosófico das definições.

Assim digo — poesia é uma presença da verdade metafísica. O real absoluto de Novalis. Por isso o comércio do poeta com tudo o que o cerca, será totalmente constituído de transações espirituais.

O filósofo, que é hoje homem de ciência, procura a verdade metafísica; ao poeta ela virá espontânea, pelos caminhos do sentimento. E a ele lhe basta a aparência de verdade, portanto uma impressão; o outro tem que colocar o fato ou fenômeno como real, embora não consiga interpretá-lo logo assim.

No *Elogio* falo em espiritualidade. Tal expressão excede ao sentido vulgar da palavra espírito. Esta pode referir-se à coisa em si, baixar ao fato, ser o homem sem seu acréscimo de paixões. Espiritualidade restringe-se à essência. Restrição de espaço, para maior altura do valor significado.

Agora, quando dizemos espírito, nos referimos ao consciente, portanto ao objetivo. A espiritualidade permanece subjetiva. Riqueza de subsolo, que só vem à face da terra por uma comoção nervosa. Não digo intelectual. Digo nervosa. Predomínio da inspiração sentimental. Tanto assim que toda poesia é uma paisagem da alma. Sendo o poema uma paisagem infinita em que a alma do poeta se conjuga em várias expressões de cor.

Na poesia o horizonte, imagem do limite, guarda sempre a mesma distância por mais passos que o poeta dê em sua direção.

Todo limite importa num sacrifício. Por isso a desvalorização da rima. Se o poeta criando, e não fabricando o verso, encontrá-la, bem, que ela se mantenha. Procurá-la, caçá-la, martelá-la compromete os forais da poesia, reduzindo-a a uma espécie de ofício bate-bate.

Há quem veja na rima um motivo musical, como se a música deixasse de ser expressão do inexistente (o Não-ser de Nietzsche antes do desastrado rompimento com Wagner), expressão do inexistente para maior positivação de existência. Por isso mesmo mais melodia, que é altura, e menos harmonia, que é forma.

Schopenhauer considerou a rima um meio de encadear nossa atenção, inclinando-a a aquiescer ao recitativo. O nadador de águas profundas deixou-se ir nas ondas dos que reduzem a poesia à missão de agradar, como se o poeta, em vez de tirano, que impõe sua vontade, fosse um súdito às ordens dos outros.

A rima se me afigura uma corrupção decorativa que na maioria dos casos, principalmente nos poetas que são poetas porque fazem verso (expressão de Thibaudet), estraga a integridade do sentimento poético.

Urge distinguir o ritmo, função estética, por conseguinte lei de poesia da rima, processo mecânico. O primeiro pode ser desigual. O segundo está imediatamente ligado à ressonância, espécie de ponto de referência que obriga o poeta a determinado caminho, muitas vezes danificando-o na emoção.

Augusto dos Anjos rimando não diminui, porque consegue manter íntegra sua sensibilidade. Fenômeno invulgar. Entre centenas de seus poderosos versos não deparo vinte em que ele se visse forçado a ceder à rima.

Quando no trecho do *Elogio*, a que se prende esta nota, encontrei meio de afirmar que a poesia consiste no elemento subjetivo, ainda o lógico Valery não havia escrito o prefácio do *La Connaisance de la Deesse*, nem Bremond explorado a mina do inefável.

Em Valery, o pensamento é sempre uma sequência e nunca uma revelação. Revelação no sentido mais próximo de ideia inspirada. Ele está na invejável ordem dos matemáticos. Assim, sua poesia pura é intelectualista o que, de certa forma já o distancia da concepção mais desenvolvida, onde a predominância toca à sensibilidade, ordenada ou desordenada.

O milagre Valcry consiste no geômetra manter o espírito de sutileza. Esta aliança importa num dom quase sobrenatural.

No intuito de justificar a poesia como uma presença da verdade metafísica, quisera esclarecer o que chamo *afetivismo*. A princípio, no convívio de amigos, usei o termo sensibilismo, como função da sensibilidade aguda. Meu pensamento se acomoda melhor com a expressão *afetivismo*, anunciando um estado em que a inteligência atua com a predominância da sensibilidade.

O doloroso é que a palavra representa sempre uma diminuição do modo de ser da poesia. Ela, para que o poeta denuncie sua presença, reclama ainda o instrumento do verso, Cumpre, porém, ao verso, servi-la com o máximo da liberdade para obter o máximo de verdade.

Não verdade puramente intelectual, muito menos moral. Verdade subjetiva do sentimento que está no homem com projeção para além. Sente-a o poeta graças à extraordinária capacidade de afeto que o une a tudo, aliada à maravilha do seu poder perceptivo, e transmite-a numa impressão inteiramente pessoal. Personalíssima. Exemplo. — Augusto dos Anjos. Rio, agosto. 1928. — ORRIS.

EU

À MEMÓRIA DE MEU PAI

À minha Mãe — Córdula C. R. dos Anjos
À minha Mulher — Ester Fialho R. dos Anjos
À minha filhinha — Glória
Aos meus irmãos.

MONÓLOGO DE UMA SOMBRA

"Sou uma Sombra! Venho de outras eras,
Do cosmopolitismo das moneras...
Pólipo de recônditas reentrâncias,
Larva de caos telúrico, procedo
Da escuridão do cósmico segredo,
Da substância de todas as substâncias!

A simbiose das coisas me equilibra.
Em minha ignota mônada, ampla, vibra
A alma dos movimentos rotatórios...
E é de mim que decorrem, simultâneas,
A saúde das forças subterrâneas
E a morbidez dos seres ilusórios!

Pairando acima dos mundanos tetos,
Não conheço o acidente da *Senectus*
— Esta universitária sanguessuga
Que produz, sem dispêndio algum de vírus,
O amarelecimento do papirus
E a miséria anatômica da ruga!

Na existência social, possuo uma arma
— O metafisicismo de Abidarma —
E trago, sem bramânicas tesouras,
Como um dorso de azêmola passiva,
A solidariedade subjetiva
De todas as espécies sofredoras.

Como um pouco de saliva quotidiana
Mostro meu nojo à Natureza Humana.
A podridão me serve de Evangelho...
Amo o esterco, os resíduos ruins dos quiosques
E o animal inferior que urra nos bosques
É com certeza meu irmão mais velho!

Tal qual quem para o próprio túmulo olha,
Amarguradamente se me antolha

À luz do americano plenilúnio,
Na alma crepuscular de minha raça
Como uma vocação para a Desgraça
E um tropismo ancestral para o Infurtúnio.

Aí vem sujo, a coçar chagas plebeias,
Trazendo no deserto das ideias
O desespero endêmico do inferno,
Com a cara hirta, tatuada de fuligens
Esse mineiro doido das origens,
Que se chama o Filósofo Moderno!

Quis compreender, quebrando estéreis normas,
A vida fenomênica das Formas,
Que, iguais a fogos passageiros, luzem...
E apenas encontrou na ideia gasta,
O horror dessa mecânica nefasta,
A que todas as coisas se reduzem!

E hão de achá-lo, amanhã, bestas agrestes,
Sobre a esteira sarcófaga das pestes
A mostrar, já nos últimos momentos,
Como quem se submete a uma charqueada,
Ao clarão tropical da luz danada,
O espólio dos seus dedos peçonhentos.

Tal a finalidade dos estames!
Mas ele viverá, rotos os liames
Dessa estranguladora lei que aperta
Todos os agregados perecíveis,
Nas eterizações indefiníveis
Da energia intra-atômica liberta!

Será calor, causa ubíqua de gozo,
Raio X, magnetismo misterioso,
Quimiotaxia, ondulação aérea,
Fonte de repulsões e de prazeres,
Sonoridade potencial dos seres,
Estrangulada dentro da matéria!

E o que ele foi: clavículas, abdômen,
O coração, a boca, em síntese, o Homem,
— Engrenagem de vísceras vulgares —
Os dedos carregados de peçonha,
Tudo coube na lógica medonha
Dos apodrecimentos musculares!

A desarrumação dos intestinos
Assombra! Vede-a! Os vermes assassinos
Dentro daquela massa que o húmus come,
Numa glutoneria hedionda, brincam,
Como as cadelas que as dentuças trincam
No espasmo fisiológico da fome.

É uma trágica festa emocionante!
A bacteriologia inventariante
Toma conta do corpo que apodrece...
E até os membros da família engulham,
Vendo as larvas malignas que se embrulham
No cadáver malsão, fazendo um *s*.

E foi então para isto que esse doudo
Estragou o vibrátil plasma todo,
À guisa de um faquir, pelos cenóbios?!...
Num suicídio graduado, consumir-se,
E após tantas vigílias, reduzir-se
À herança miserável de micróbios!

Estoutro agora é o sátiro peralta
Que o sensualismo sodomista exalta,
Nutrindo sua infâmia a leite e a trigo...
Como que, em suas células vilíssimas,
Há estratificações requintadíssimas
De uma animalidade sem castigo.

Brancas bacantes bêbedas o beijam.
Suas artérias hírcicas latejam,
Sentindo o odor das carnações abstêmias,
E à noite, vai gozar, ébrio de vício,
No sombrio bazar do meretrício,
O cuspo afrodisíaco das fêmeas.

No horror de sua anômala nevrose,
Toda a sensualidade da simbiose,
Uivando, à noite, em lúbricos arroubos,
Como no babilônico *sansara*,
Lembra a fome incoercível que escancara
A mucosa carnívora dos lobos.

Sôfrego, o monstro as vítimas aguarda.
Negra paixão congênita, bastarda,
Do seu zooplasma ofídico resulta...
E explode, igual à luz que o ar acomete,
Com a veemência mavórtica do aríete
E os arremessos de uma catapulta.

Mas muitas vezes, quando a noite avança,
Hirto, observa através a tênue trança
Dos filamentos fluídicos de um halo
A destra descarnada de um duende,
Que tateando nas tênebras, se estende
Dentro da noite má, para agarrá-lo!

Cresce-lhe a intracefálica tortura,
E de su'alma na caverna escura,
Fazendo ultraepiléticos esforços,
Acorda, com os candieiros apagados,
Numa coreografia de danados,
A família alarmada dos remorsos.

É o despertar de um povo subterrâneo!
É a fauna cavernícola do crânio
— Macbeths da patológica vigília,
Mostrando, em rembrandtescas telas várias,
As incestuosidades sanguinárias
Que ele tem praticado na família.

As alucinações tácteis pululam.
Sente que megatérios o estrangulam...
A asa negra das moscas o horroriza;
E autopsiando a amaríssima existência
Encontra um cancro assíduo na consciência
E três manchas de sangue na camisa!

Míngua-se o combustível da lanterna
E a consciência do sátiro se inferna,
Reconhecendo, bêbedo de sono,
Na própria ânsia dionísica do gozo,
Essa necessidade de *horroroso*,
Que é talvez propriedade do carbono!

Ah! Dentro de toda a alma existe a prova
De que a dor como um dartro se renova,
Quando o prazer barbaramente a ataca...
Assim também, observa a ciência crua,
Dentro da elipse ignívoma da lua
A realidade de uma esfera opaca.

Somente a Arte, esculpindo a humana mágoa,
Abranda as rochas rígidas, torna água
Todo o fogo telúrico profundo
E reduz, sem que, entanto, a desintegre,
A condição de uma planície alegre,
A aspereza orográfica do mundo!

Provo desta maneira ao mundo odiento
Pelas grandes razões do sentimento,
Sem os métodos da abstrusa ciência fria
E os trovões gritadores da dialética,
Que a mais alta expressão da dor estética
Consiste essencialmente na alegria.

Continua o martírio das criaturas:
— O homicídio nas vielas mais escuras,
— O ferido que a hostil gleba atra escarva,
— O último solilóquio dos suicidas —
E eu sinto a dor de todas essas vidas
Em minha vida anônima de larva!"

Disse isto a Sombra. E, ouvindo estes vocábulos,
Da luz da lua aos pálidos venábulos,
Na ânsia de um nervosíssimo entusiasmo,
Julgava ouvir monótonas corujas,
Executando, entre caveiras sujas,
A orquestra arrepiadora do sarcasmo!

Era a elegia panteísta do Universo,
Na podridão do sangue humano imerso,
Prostituído talvez, em suas bases...
Era a canção da Natureza exausta,
Chorando e rindo na ironia infausta
Da incoerência infernal daquelas frases.

E o turbilhão de tais fonemas acres
Trovejando grandíloquos massacres,
Há-de ferir-me as auditivas portas,
Até que minha efêmera cabeça
Reverta à quietação da treva espessa
E à palidez das fotosferas mortas!

AGONIA DE UM FILÓSOFO

Consulto o Phtah-Hotep. Leio o obsoleto
Rig-Veda. E, ante obras tais, me não consolo...
O Inconsciente me assombra e eu nele rolo
Com a eólica fúria do harmatã inquieto!

Assisto agora à morte de um inseto!...
Ah! todos os fenômenos do solo
Parecem realizar de pólo a pólo
O ideal de Anaximandro de Mileto!

No hierático areópago heterogêneo
Das ideias, percorro como um gênio
Desde a alma de Haeckel à alma cenobial!...

Rasgo dos mundos o velário espesso;
E em tudo igual a Goethe, reconheço
O império da *substância universal*!

O MORCEGO

Meia-noite. Ao meu quarto me recolho.
Meu Deus! E este morcego! E, agora, vede:
Na bruta ardência orgânica da sede,
Morde-me a goela ígneo e escaldante molho.

"Vou mandar levantar outra parede..."
— Digo. Ergo-me a tremer. Fecho o ferrolho
E olho o teto. E vejo-o ainda, igual a um olho,
Circularmente sobre a minha rede!

Pego de um pau. Esforços faço. Chego
A tocá-lo. Minh'alma se concentra.
Que ventre produziu tão feio parto?!

A Consciência Humana é este morcego!
Por mais que a gente faça, à noite, ele entra
Imperceptivelmente em nosso quarto!

PSICOLOGIA DE UM VENCIDO

Eu, filho do carbono e do amoníaco,
Monstro de escuridão e rutilância,
Sofro, desde a epigênese da infância,
A influência má dos signos do zodíaco.

Profundissimamente hipocondríaco,
Este ambiente me causa repugnância...
Sobe-me à boca uma ânsia análoga à ânsia
Que se escapa da boca de um cardíaco.

Já o verme — este operário das ruínas —
Que o sangue podre das carnificinas
Come, e à vida em geral declara guerra,

Anda a espreitar meus olhos para roê-los,
E há de deixar-me apenas os cabelos,
Na frialdade inorgânica da terra!

A IDEIA

De onde ela vem?! De que matéria bruta
Vem essa luz que sobre as nebulosas
Cai de incógnitas criptas misteriosas
Como as estalactites duma gruta?!

Vem da psicogenética e alta luta
Do feixe de moléculas nervosas,
Que, em desintegrações maravilhosas,
Delibera, e depois, quer e executa!

Vem do encéfalo absconso que a constringe,
Chega em seguida às cordas da laringe,
Tísica, tênue, mínima, raquítica...

Quebra a força centrípeta que a amarra,
Mas, de repente, e quase morta, esbarra
No molambo da língua paralítica!

O LÁZARO DA PÁTRIA

Filho podre de antigos Goitacases,
Em qualquer parte onde a cabeça ponha,
Deixa circunferências de peçonha,
Marcas oriundas de úlceras e antrazes.

Todos os cinocéfalos vorazes
Cheiram seu corpo. À noite, quando sonha,
Sente no tórax a pressão medonha
Do bruto embate férreo das tenazes.

Mostra aos montes e aos rígidos rochedos
A hedionda elefantíase dos dedos...
Há um cansaço no Cosmos... Anoitece.

Riem as meretrizes no Cassino,
E o Lázaro caminha em seu destino
Para um fim que ele mesmo desconhece!

IDEALIZAÇÃO DA HUMANIDADE FUTURA

Rugia nos meus centros cerebrais
A multidão dos séculos futuros
— Homens que a herança de ímpetos impuros
Tornara etnicamente irracionais!

Não sei que livro, em letras garrafais, Meus olhos
liam! No húmus dos monturos,
Realizavam-se os partos mais obscuros,
Dentre as genealogias animais!

Como quem esmigalha protozoários
Meti todos os dedos mercenários
Na consciência daquela multidão...

E, em vez de achar a luz que os Céus inflama,
Somente achei moléculas de lama
E a mosca alegre da putrefação!

SONETO

Ao meu primeiro filho nascido
morto com 7 meses incompletos.
2 fevereiro 1911.

Agregado infeliz de sangue e cal,
Fruto rubro de carne agonizante,
Filho da grande força fecundante
De minha brônzea trama neuronial,

Que poder embriológico fatal
Destruiu, com a sinergia de um gigante,
Em tua *morfogênese* de infante
A minha *morfogênese* ancestral?!

Porção de minha plásmica substância,
Em que lugar irás passar a infância,
Tragicamente anônimo, a feder?!

Ah! Possas tu dormir, feto esquecido,
Panteisticamente dissolvido
Na *noumenalidade* do NÃO SER!

VERSOS A UM CÃO

Que força pôde adstrita e embriões informes,
Tua garganta estúpida arrancar
Do segredo da célula ovular
Para latir nas solidões enormes?!

Esta obnóxia inconsciência, em que tu dormes,
Suficientíssima é, para provar
A incógnita alma, avoenga e elementar
Dos teus antepassados vermiformes.

Cão! — Alma de inferior rapsodo errante!
Resigna-a, ampara-a, arrima-a, afaga-a, acode-a
À escala dos latidos ancestrais...

E irás assim, pelos séculos, adiante,
latindo a esquisitíssima prosódia
Da angústia hereditária dos teus pais!

O DEUS-VERME

Fator universal do transformismo.
Filho da teleológica matéria,
Na superabundância ou na miséria,
Verme — é o seu nome obscuro de batismo.

Jamais emprega o acérrimo exorcismo
Em sua diária ocupação funérea,
E vive em contubérnio com a bactéria,
Livre das roupas do antropomorfismo.

Almoça a podridão das drupas agras,
Janta hidrópicos, rói vísceras magras
E dos defuntos novos incha a mão...

Ah! Para ele é que a carne podre fica,
E no inventário da matéria rica
Cabe aos seus filhos a maior porção!

DEBAIXO DO TAMARINDO

No tempo de meu Pai, sob estes galhos,
Como uma vela fúnebre de cera,
Chorei bilhões de vezes com a canseira
De inexorabilíssimos trabalhos!

Hoje, esta árvore, de amplos agasalhos,
Guarda, como uma caixa derradeira,
O passado da Flora Brasileira
E a paleontologia dos Carvalhos!

Quando pararem todos os relógios
De minha vida e a voz dos necrológios
Gritar nos noticiários que eu morri,

Voltando à pátria da homogeneidade,
Abraçada com a própria Eternidade
A minha sombra há de ficar aqui!

AS CISMAS DO DESTINO

I

Recife, Ponte Buarque de Macedo.
Eu, indo em direção à casa do Agra,
Assombrado com a minha sombra magra,
Pensava no Destino, e tinha medo!

Na austera abóbada alta o fósforo alvo
Das estrelas luzia... O calçamento
Sáxeo, de asfalto rijo, atro e vidrento,
Copiava a polidez de um crânio calvo.

Lembro-me bem. A ponte era comprida,
E a minha sombra enorme enchia a ponte,
Como uma pele de rinoceronte
Estendida por toda a minha vida!

A noite fecundava o ovo dos vícios
Animais. Do carvão da treva imensa
Caía um ar danado de doença
Sobre a cara geral dos edifícios!

Tal uma horda feroz de cães famintos,
Atravessando uma estação deserta,
Uivava dentro do *eu*, com a boca aberta,
A matilha espantada dos instintos!

Era como se, na alma da cidade,
Profundamente lúbrica e revolta,
Mostrando as carnes, uma besta solta
Soltasse o berro da animalidade.

E aprofundando o raciocínio obscuro,
Eu vi, então, à luz de áureos reflexos,
O trabalho genésico dos sexos,
Fazendo à noite os homens do Futuro.

Livres de microscópios e escalpelos,
Dançavam, parodiando saraus cínicos,

Bilhões de *centrossomas* apolínicos
Na câmara promíscua do *vitellus*.

Mas, a irritar-me os globos oculares,
Apregoando e alardeando a cor nojenta,
Fetos magros, ainda na placenta,
Estendiam-me as mãos rudimentares!

Mostravam-me o apriorismo incognoscível
Dessa fatalidade igualitária,
Que fez minha família originária
Do antro daquela fábrica terrível!

A corrente atmosférica mais forte
Zunia. E, na ígnea crosta do Cruzeiro,
Julgava eu ver o fúnebre candieiro
Que há de me alumiar na hora da morte.

Ninguém compreendia o meu soluço,
Nem mesmo Deus! Da roupa pelas brechas,
O vento bravo me atirava flechas
E aplicações hiemais de gelo russo.

A vingança dos mundos astronômicos
Enviava à terra extraordinária faca,
Posta em rija adesão de goma laca
Sobre os meus elementos anatômicos.

Ah! Com certeza, Deus me castigava!
Por toda a parte, como um réu confesso,
Havia um juiz que lia o meu processo
E uma forca especial que me esperava!

Mas o vento cessara por instantes
Ou, pelo menos, o *ignis sapiens* do Orco
Abafava-me o peito arqueado e porco
Num núcleo de substâncias abrasantes.

É bem possível que eu um dia cegue.
No ardor desta letal tórrida zona,

A cor do sangue é a cor que me impressiona
E a que mais neste mundo me persegue!

Essa obsessão cromática me abate.
Não sei por que me vêm sempre à lembrança
O estômago esfaqueado de uma criança
E um pedaço de víscera escarlate.

Quisera qualquer coisa provisória
Que a minha cerebral caverna entrasse,
E até ao fim, cortasse e recortasse
A faculdade aziaga da memória.

Na ascensão barométrica da calma,
Eu bem sabia, ansiado e contrafeito,
Que uma população doente do peito
Tossia sem remédio na minh'alma!

E o cuspo que essa hereditária tosse
Golfava, à guisa de ácido resíduo,
Não era o cuspo só de um indivíduo
Minado pela tísica precoce.

Não! Não era o meu cuspo, com certeza
Era a expectoração pútrida e crassa
Dos brônquios pulmonares de uma raça
Que violou as leis da Natureza!

Era antes uma tosse ubíqua, estranha,
Igual ao ruído de um calhau redondo
Arremessado no apogeu do estrondo,
Pelos fundibulários da montanha!

E a saliva daqueles infelizes
Inchava, em minha boca, de tal arte,
Que eu, para não cuspir por toda a parte,
Ia engolindo, aos poucos, a hemoptísis!

Na alta alucinação de minhas cismas
O microcosmos líquido da gota

Tinha a abundância de uma artéria rota,
Arrebentada pelos aneurismas.

Chegou-me o estado máximo da mágoa!
Duas, três, quatro, cinco, seis e sete
Vezes que eu me furei com um canivete,
A hemoglobina vinha cheia de água!

Cuspo, cujas caudais meus beiços regam,
Sob a forma de mínimas camândulas,
Benditas sejam todas essas glândulas,
Que, quotidianamente, te segregam!

Escarrar de um abismo noutro abismo,
Mandando ao Céu o fumo de um cigarro,
Há mais filosofia neste escarro
Do que em toda a moral do Cristianismo!

Porque, se no orbe oval que os meus pés tocam
Eu não deixasse o meu cuspo carrasco,
Jamais exprimiria o acérrimo asco
Que os canalhas do mundo me provocam!

II

Foi no horror dessa noite tão funérea
Que eu descobri, maior talvez que Vinci,
Com a força visualística do lince,
A falta de unidade na matéria!

Os esqueletos desarticulados,
Livres do acre fedor das carnes mortas,
Rodopiavam, com as brancas tíbias tortas,
Numa dança de números quebrados!

Todas as divindades malfazejas,
Siva e Arimã, os duendes, o In e os trasgos,
Imitando o barulho dos engasgos,
Davam pancadas no adro das igrejas.

Nessa hora de monólogos sublimes,
A companhia dos ladrões da noite,
Buscando uma taverna que os açoite,
Vai pela escuridão pensando crimes.

Perpetravam-se os atos mais funestos,
E o luar, da cor de um doente de icterícia,
Iluminava, a rir, sem pudicícia,
A camisa vermelha dos incestos.

Ninguém, de certo, estava ali, a espiar-me,
Mas um lampião, lembrava ante o meu rosto,
Um sugestionador olho, ali posto
De propósito, para hipnotizar-me!

Em tudo, então, meus olhos distinguiram
Da miniatura singular de uma aspa,
À anatomia mínima da caspa,
Embriões de mundos que não progrediram!

Pois quem não vê aí, em qualquer rua,
Com a fina nitidez de um claro jorro,
Na paciência budista do cachorro
A alma embrionária que não continua?!

Ser cachorro! Ganir incompreendidos
Verbos! Querer dizer-nos que não finge,
E a palavra embrulhar-se na laringe,
Escapando-se apenas em latidos!

Despir a putrescível forma tosca,
Na atra dissolução que tudo inverte,
Deixar cair sobre a barriga inerte
O apetite necrófago da mosca!

A alma dos animais! Pego-a, distingo-a,
Acho-a nesse interior duelo secreto
Entre a ânsia de um vocábulo completo
E uma expressão que não chegou à língua!

Surpreendo-a em quatrilhões de corpos vivos,
Nos antiperistálticos abalos
Que produzem nos bois e nos cavalos
A contração dos gritos instintivos!

Tempo viria, em que, daquele horrendo
Caos de corpos orgânicos disformes
Rebentariam cérebros enormes,
Como bolhas febris de água, fervendo!

Nessa época que os sábios não ensinam,
A pedra dura, os montes argilosos
Criariam feixes de cordões nervosos
E o neuroplasma dos que raciocinam!

Almas pigmeias! Deus subjuga-as, cinge-as
À imperfeição! Mas vem o Tempo, e vence-O,
E o meu sonho crescia no silêncio,
Maior que as epopeias carolíngias!

Era a revolta trágica dos tipos
Ontogênicos mais elementares,
Desde os foraminíferos dos mares
À grei liliputiana dos pólipos.

Todos os personagens da tragédia,
Cansados de viver na paz de Buda,
Pareciam pedir com a boca muda
A ganglionária célula intermédia.

A planta que a canícula ígnea torra,
E as coisas inorgânicas mais nulas
Apregoavam encéfalos, medulas
Na alegria guerreira da desforra!

Os protistas e o obscuro acervo rijo
Dos espongiários e dos infusórios
Recebiam com os seus órgãos sensórios
O triunfo emocional do regozijo!

E apesar de já ser assim tão tarde,
Aquela humanidade parasita,
Como um bicho inferior, berrava, aflita,
No meu temperamento de covarde!

Mas, refletindo, a sós, sobre o meu caso
Vi que, igual a um amniota subterrâneo,
Jazia atravessada no meu crânio
A intercessão fatídica do atraso!

A hipótese genial do *microzima*
Me estrangulava o pensamento guapo,
E eu me encolhia todo como um sapo
Que tem um peso incômodo por cima!

Nas agonias do *delirium-tremens*,
Os bêbedos alvares que me olhavam,
Com os copos cheios esterilizavam
A substância prolífica dos semens!

Enterravam as mãos dentro das goelas,
E sacudidos de um tremor indômito
Expeliam, na dor forte do vômito,
Um conjunto de gosmas amarelas.

Iam depois dormir nos lupanares
Onde, na glória da concupiscência,
Depositavam quase sem consciência
As derradeiras forças musculares.

Fabricavam destarte os blastodermas,
Em cujo repugnante receptáculo
Minha perscrutação via o espetáculo
De uma progênie idiota de palermas.

Prostituição ou outro qualquer nome,
Por tua causa, embora o homem te aceite,
É que as mulheres ruins ficam sem leite
E os meninos sem pai morrem de fome!

Por que há de haver aqui tantos enterros?
Lá no "Engenho" também, a morte é ingrata...
Há o malvado carbúnculo que mata
A sociedade infante dos bezerros!

Quantas moças que o túmulo reclama!
E após a podridão de tantas moças
Os porcos espojando-se nas poças
Da virgindade reduzida à lama!

Morte, ponto final da última cena
Forma difusa da matéria imbele,
Minha filosofia te repele,
Meu raciocínio enorme te condena!

Diante de ti, nas catedrais mais ricas,
Rolam sem eficácia os amuletos,
Oh! Senhora dos nossos esqueletos
E das caveiras diárias que fabricas!

E eu desejava ter, numa ânsia rara,
Ao pensar nas pessoas que perdera,
A inconsciência das máscaras de cera
Que a gente prega, com um cordão, na cara!

Era um sonho ladrão de submergir-me
Na vida universal, e, em tudo imerso,
Fazer da parte abstrata do Universo,
Minha morada equilibrada e firme!

Nisto, pior que o remorso do assassino,
Reboou, tal qual, num fundo de caverna,
Numa impressionadora voz interna,
O eco particular do meu Destino:

III

"Homem! por mais que a Ideia desintegres,
Nessas perquisições que não têm pausa,
Jamais, magro homem, saberás a causa
De todos os fenômenos alegres!

Em vão, com a bronca enxada árdega, sondas
A estéril terra, e a hialina lâmpada oca,
Trazes, por perscrutar (oh! ciência louca!)
O conteúdo das lágrimas hediondas.

Negro e sem fim é esse em que te mergulhas
Lugar do Cosmos, onde a dor infrene
É feita como é feito o querosene
Nos recôncavos úmidos das hulhas!

Porque, para que a Dor perscrutes, fora
Mister que, não como és, em síntese, antes
Fosses, a refletir teus semelhantes,
A própria humanidade sofredora!

A universal complexidade é que Ela
Compreende. E se, por vezes, se divide,
Mesmo ainda assim, seu todo não reside
No quociente isolado da parcela!

Ah! Como o ar imortal a Dor não finda!
Das papilas nervosas que há nos tatos
Veio e vai desde os tempos mais transatos
Para outros tempos que hão de vir ainda!

Como o machucamento das insônias
Te estraga, quando toda a estuada Ideia
Dás ao sôfrego estudo da ninfeia
E de outras plantas dicotiledôneas!

A diáfana água alvíssima e a hórrida áscua
Que da ígnea flama bruta, estriada, espirra;
A formação molecular da mirra,
O cordeiro simbólico da Páscoa;

As rebeladas cóleras que rugem
No homem civilizado, e a ele se prendem
Como às pulseiras que os mascates vendem
A aderência teimosa da ferrugem;

O orbe feraz que bastos tojos acres
Produz; a rebelião que na batalha,
Deixa os homens deitados, sem mortalha,
Na sangueira concreta dos massacres;

Os sanguinolentíssimos chicotes
Da hemorragia; as nódoas mais espessas,
O achatamento ignóbil das cabeças,
Que ainda degrada os povos hotentotes;

O Amor e a Fome, a fera ultriz que o fojo
Entra, à espera que a mansa vítima o entre,
— Tudo que gera no materno ventre
A causa fisiológica do nojo;

As pálpebras inchadas na vigília,
As aves moças que perderam a asa,
O fogão apagado de uma casa,
Ondc morrcu o chcfc da família;

O trem particular que um corpo arrasta
Sinistramente pela via férrea,
A cristalização da massa térrea,
O tecido da roupa que se gasta;

A água arbitrária que hiulcos caules grossos
Carrega e come; as negras formas feias
Dos aracnídeos e das centopeias,
O fogo-fátuo que ilumina os ossos;

As projeções flamívomas que ofuscam,
Como uma pincelada rembrandtesca,
A sensação que uma coalhada fresca
Transmite às mãos nervosas dos que a buscam;

O antagonismo de Tifon e Osíris,
O homem grande oprimindo o homem pequeno
A lua falsa de um parasseleno,
A mentira meteórica do arco-íris;

Os terremotos que, abalando os solos,
Lembram paióis de pólvora explodindo,
A rotação dos fluidos produzindo
A depressão geológica dos pólos;

O instinto de procriar, a ânsia legítima
Da alma, afrontando ovante aziagos riscos,
O juramento dos guerreiros priscos
Metendo as mãos nas glândulas da vítima;

As diferenciações que o psicoplasma
Humano sofre da mania mística,
A pesada opressão característica
Dos 10 minutos de um acesso de asma;

E, (conquanto contra isto ódios regougues)
A utilidade fúnebre da corda
Que arrasta a rês, depois que a rês engorda,
À morte desgraçada dos açougues...

Tudo isto que o terráqueo abismo encerra
Forma a complicação desse barulho
Travado entre o dragão do humano orgulho
E as forças inorgânicas da terra!

Por descobrir tudo isso, embalde cansas!
Ignoto é o gérmen dessa força ativa
Que engendra, em cada célula passiva,
A heterogeneidade das mudanças!

Poeta, feto malsão, criado com os sucos
De um leite mau, carnívoro asqueroso,
Gerado no atavismo monstruoso
Da alma desordenada dos malucos;

Última das criaturas inferiores
Governada por átomos mesquinhos,
Teu pé mata a uberdade dos caminhos
E esteriliza os ventres geradores!

O áspero mal que a tudo, em torno, trazes,
Análogo é ao que, negro e a seu turno,
Traz o ávido filóstomo noturno
Ao sangue dos mamíferos vorazes!

Ah! Por mais que, com o espírito, trabalhes
A perfeição dos seres existentes,
Hás de mostrar a cárie dos teus dentes
Na anatomia horrenda dos detalhes!

O Espaço — esta abstração spencereana
Que abrange as relações de coexistência
E só! Não tem nenhuma dependência
Com as vértebras mortais da espécie humana!

As radiantes elipses que as estrelas
Traçam, e ao espectador falsas se antolham
São verdades de luz que os homens olham
Sem poder, no entretanto, compreendê-las.

Em vão, com a mão corrupta, outro éter pedes
Que essa mão, de esqueléticas falanges,
Dentro dessa água que com a vista abranges,
Também prova o princípio de Arquimedes!

A fadiga feroz que te esbordoa
Há de deixar-te essa medonha marca,
Que, nos corpos inchados de anasarca,
Deixam os dedos de qualquer pessoa!

Nem terás no trabalho que tiveste
A misericordiosa toalha amiga,
Que afaga os homens doentes de bexiga
E enxuga, à noite, as pústulas da peste!

Quando chegar depois a hora tranquila,
Tu serás arrastado, na carreira,
Como um cepo inconsciente de madeira
Na evolução orgânica da argila!

Um dia comparado com um milênio
Seja, pois, o teu último Evangelho...
É a evolução do novo para o velho
E do homogêneo para o heterogêneo!

Adeus! Fica-te aí, com o abdômen largo
A apodrecer!... És poeira, e embalde vibras!
O corvo que comer as tuas fibras
Há de achar nelas um sabor amargo!"

IV

Calou-se a voz. A noite era funesta.
E os queixos, a exibir trismos danados,
Eu puxava os cabelos desgrenhados
Como o rei Lear, no meio da floresta!

Maldizia, com apóstrofes veementes,
No estentor de mil línguas insurretas,
O convencionalismo das Pandetas
E os textos maus dos códigos recentes!

Minha imaginação atormentada
Paria absurdos... Como diabos juntos,
Perseguiam-me os olhos dos defuntos
Com a carne da esclerótica esverdeada.

Secara a clorofila das lavouras.
Igual aos sustenidos de uma endecha
Vinha-me às cordas glóticas a queixa
Das coletividades sofredoras.

O mundo resignava-se invertido
Nas forças principais do seu trabalho...
A gravidade era um princípio falho,
A análise espectral tinha mentido!

O Estado, a Associação, os Municípios
Eram mortos. De todo aquele mundo
Restava um mecanismo moribundo
E uma teleologia sem princípios.

Eu queria correr, ir para o inferno,
Para que, da psique no oculto jogo,
Morressem sufocadas pelo fogo
Todas as impressões do mundo externo!

Mas a Terra negava-me o equilíbrio...
Na Natureza, uma mulher de luto
Cantava, espiando as árvores sem fruto.
A canção prostituta do ludíbrio!

BUDISMO MODERNO

Tome, Dr., esta tesoura, e... corte
Minha singularíssima pessoa,
Que importa a mim que a bicharia roa
Todo o meu coração, depois da morte?!

Ah! Um urubu pousou na minha sorte!
Também, das diatomáceas da lagoa
A criptógama cápsula se esbroa
Ao contato de bronca destra forte!

Dissolva-se, portanto, minha vida
Igualmente a uma célula caída
Na aberração de um óvulo infecundo;

Mas o agregado abstrato das saudades
Fique batendo nas perpétuas grades
Do último verso que eu fizer no mundo!

SONHO DE UM MONISTA

Eu e o esqueleto esquálido de Esquilo
Viajávamos, com uma ânsia sibarita,
Por toda a pró-dinâmica infinita,
Na inconsciência de um zoófito tranquilo.

A verdade espantosa do *Protilo*.
Me aterrava, mas dentro da alma aflita
Via Deus — essa mônada esquisita —
Coordenando e animando tudo aquilo!

E eu bendizia, com o esqueleto ao lado,
Na guturalidade do meu brado,
Alheio ao velho cálculo dos dias,

Como um pagão no altar de Proserpina,
A energia intracósmica divina
Que é o pai e é a mãe das outras energias!

SOLITÁRIO

Como um fantasma que se refugia
Na solidão da natureza morta,
Por trás dos ermos túmulos, um dia,
Eu fui refugiar-me à tua porta!

Fazia frio e o frio que fazia
Não era esse que a carne nos conforta...
Cortava assim como em carniçaria
O aço das facas incisivas corta!

Mas tu não vieste ver minha Desgraça!
E eu saí, como quem tudo repele,
— Velho caixão a carregar destroços —

Levando apenas na tumbal carcaça
O pergaminho singular da pele
E o chocalho fatídico dos ossos!

MATER ORIGINALIS

Forma vermicular desconhecida
Que estacionaste, mísera e mofina,
Como quase impalpável gelatina,
Nos estados prodrômicos da vida;

O hierofante que leu a minha sina
Ignorante é de que és, talvez, nascida
Dessa homogeneidade indefinida
Que o insigne Herbert Spencer nos ensina.

Nenhuma ignota união ou nenhum nexo
À contigência orgânica do sexo
A tua estacionária alma prendeu...

Ah! De ti foi que, autônoma e sem normas,
Oh! Mãe original das outras formas,
A minha forma lúgubre nasceu!

O LUPANAR

Ah! Por que monstruosíssimo motivo
Prenderam para sempre, nesta rede,
Dentro do ângulo diedro da parede,
A alma do homem polígamo e lascivo?!

Este lugar, moços do mundo, vede:
É o grande bebedouro coletivo,
Onde os bandalhos, como um gado vivo,
Todas as noites, vêm matar a sede!

É o afrodístico leito do hetairismo
A antecâmara lúbrica do abismo,
Em que é mister que o gênero humano entre,

Quando a promiscuidade aterradora
Matar a última força geradora
E comer o último óvulo do ventre!

IDEALISMO

Falas de amor, e eu ouço tudo e calo!
O amor da Humanidade é uma mentira.
É. E é por isto que na minha lira
De amores fúteis poucas vezes falo.

O amor! Quando virei por fim a amá-lo?!
Quando, se o amor que a Humanidade inspira
É o amor do sibarita e da hetaíra,
De Messalina e de Sardanapalo?!

Pois é mister que, para o amor sagrado,
O mundo fique imaterializado
— Alavanca desviada do seu fulcro —

E haja só amizade verdadeira
Duma caveira para outra caveira,
Do meu sepulcro para o teu sepulcro?!

ÚLTIMO CREDO

Como ama o homem adúltero o adultério
E o ébrio a garrafa tóxica de rum,
Amo o coveiro — este ladrão comum
Que arrasta a gente para o cemitério!

É o transcendentalíssimo mistério!
É o *nous*, é o *pneuma*, é o *ego sum qui sum*,
É a morte, é esse danado número *Um*
Que matou Cristo e que matou Tibério!

Creio, como o filósofo mais crente,
Na generalidade decrescente
Com que a substância cósmica evolui...

Creio, perante a evolução imensa,
Que o homem universal de amanhã vença
O homem particular eu que ontem fui!

O CAIXÃO FANTÁSTICO

Célere ia o caixão, e, nele, inclusas,
Cinzas, caixas cranianas, cartilagens
Oriundas, como os sonhos dos selvagens,
De aberratórias abstrações abstrusas!

Nesse caixão iam, talvez as Musas,
Talvez meu Pai! Hoffmânnicas visagens
Enchiam meu encéfalo de imagens
As mais contraditórias e confusas!

A energia monística do Mundo,
À meia-noite, penetrava fundo
No meu fenomenal cérebro cheio...

Era tarde! Fazia muito frio.
Na rua apenas o caixão sombrio
Ia continuando o seu passeio!

SOLILÓQUIO DE UM VISIONÁRIO

Para desvirginar o labirinto
Do velho e metafísico Mistério,
Comi meus olhos crus no cemitério
Numa antropofagia de faminto!

A digestão desse manjar funéreo
Tornado sangue transformou-me o instinto
De humanas impressões visuais que eu sinto,
Nas divinas visões do íncola etéreo!

Vestido de Hidrogênio incandescente,
Vaguei um século, improficuamente,
Pelas monotonias siderais...

Subi talvez às máximas alturas,
Mas, se hoje volto assim, com a alma às escuras,
É necessário que ainda eu suba mais!

A UM CARNEIRO MORTO

Misericordiosíssimo carneiro
Esquartejado, a maldição de Pio
Décimo caia em teu algoz sombrio
E em todo aquele que for seu herdeiro!

Maldito seja o mercador vadio
Que te vender as carnes por dinheiro,
Pois, tua lã aquece o mundo inteiro
E guarda as carnes dos que estão com frio!

Quando a faca rangeu no teu pescoço,
Ao monstro que espremeu teu sangue grosso
Teus olhos — fontes de perdão — perdoaram!

Oh! tu que no Perdão eu simbolizo,
Se fosses Deus, no Dia de Juízo,
Talvez perdoasses os que te mataram!

VOZES DA MORTE

Agora, sim! Vamos morrer, reunidos.
Tamarindo de minha desventura
Tu, com o envelhecimento da nervura
Eu, com o envelhecimento dos tecidos!

Ah! Esta noite é a noite dos Vencidos!
E a podridão, meu velho! E essa futura
Ultrafatalidade de ossatura.
A que nos acharemos reduzidos!

Não morrerão, porém, tuas sementes!
E assim, para o Futuro, em diferentes
Florestas, vales, selvas, glebas, trilhos,

Na multiplicidade dos teus ramos,
Pelo muito que em vida nos amamos,
Depois da morte, inda teremos filhos!

INSÂNIA DE UM SIMPLES

Em cismas patológicas insanas,
É-me grato adstringir-me, na hierarquia
Das formas vivas, à categoria
Das organizações liliputianas;

Ser semelhante aos zoófitos e às lianas.
Ter o destino de uma larva fria.
Deixar enfim na cloaca mais sombria
Este feixe de células humanas!

E enquanto arremedando Éolo iracundo,
Na orgia heliogabálica do mundo,
Ganem todos os vícios de uma vez,

Apraz-me, adstrito ao triângulo mesquinho
De um delta humilde, apodrecer sozinho
No silêncio de minha pequenez!

OS DOENTES

I

Como uma cascavel que se enroscava,
A cidade dos lázaros dormia.
Somente, na metrópole vazia,
Minha cabeça autônoma pensava!

Mordia-me a obsessão má de que havia,
Sob os meus pés, na terra onde eu pisava,
Um fígado doente que sangrava
E uma garganta de órfã que gemia!

Tentava compreender com as conceptivas
Funções do encéfalo as substâncias vivas
Que nem Spencer, nem Haeckel compreenderam...

E via em mim, coberto de desgraças,
O resultado de bilhões de raças
Que há muitos anos desapareceram!

II

Minha angústia feroz não tinha nome.
Ali, na urbe natal do Desconsolo,
Eu tinha de comer o último bolo
Que Deus fazia para a minha fome!

Convulso, o vento entoava um pseudosalmo.
Contrastando, entretanto, com o ar convulso
A noite funcionava como um pulso
Fisiologicamente muito calmo.

Caíam sobre os meus centros nervosos,
Como os pingos ardentes de cem velas,
O uivo desenganado das cadelas
E o gemido dos homens bexigosos.

Pensava! E em que eu pensava, não perguntes!
Mas, em cima de um túmulo, um cachorro
Pedia para mim água e socorro
À comiseração dos transeuntes!

Bruto, de errante rio, alto e hórrido, o urro
Reboava. Além jazia aos pés da serra,
Criando as superstições de minha terra,
A queixada específica de um burro!

Gordo adubo de agreste urtiga brava,
Benigna água, magnânima e magnífica,
Em cuja álgida unção, branda e beatífica,
A Paraíba indígena se lava!

A manga, a ameixa, a amêndoa, a abóbora, o álamo
E a câmara odorífera dos sumos
Absorvem diariamente o ubérrimo húmus
Que Deus espalha à beira do teu tálamo!

Nos de teu curso desobstruídos trilhos,
Apenas eu compreendo, em quaisquer horas,
O hidrogênio e o oxigênio que tu choras
Pelo falecimento dos teus filhos!

Ah! Somente eu compreendo, satisfeito,
A incógnita psique das massas mortas
Que dormem, como as ervas, sobre as hortas,
Na esteira igualitária do teu leito!

O vento continuava sem cansaço
E enchia com a fluidez do eólico hissope
Em seu fantasmagórico galope
A abundância geométrica do espaço.

Meu ser estacionava, olhando os campos
Circunjacentes. No Alto, os astros miúdos
Reduziam os Céus sérios e rudos
A uma epiderme cheia de sarampos!

III

Dormia embaixo, com a promíscua véstia
No embotamento crasso dos sentidos,
A comunhão dos homens reunidos
Pela camaradagem da moléstia.

Feriam-me o nervo óptico e a retina
Aponevroses e tendões de Aquiles,
Restos repugnantíssimos de bílis,
Vômitos impregnados de ptialina.

Da degenerescência étnica do Ária
Se escapava, entre estrépitos e estouros,
Reboando pelos séculos vindouros,
O ruído de uma tosse hereditária.

Oh! desespero das pessoas tísicas,
Adivinhando o frio que há nas lousas,
Maior felicidade é a destas cousas
Submetidas apenas às leis físicas!

Estas, por mais que os cardos grandes rocem
Seus corpos brutos, dores não recebem;
Estas dos bacalhaus o óleo não bebem,
Estas não cospem sangue, estas não tossem!

Descender dos macacos catarríneos,
Cair doente e passar a vida inteira
Com a boca junto de uma escarradeira,
Pintanto o chão de coágulos sanguíneos!

Sentir, adstritos ao quimiotropismo
Erótico, os micróbios assanhados
Passearem, como inúmeros soldados,
Nas cancerosidades do organismo!

Falar somente uma linguagem rouca,
Um português cansado e incompreensível,
Vomitar o pulmão na noite horrível
Em que se deita sangue pela boca!

Expulsar, aos bocados, a existência
Numa bacia autômata de barro,
Alucinado, vendo em cada escarro
O retrato da própria consciência!

Querer dizer a angústia de que é pábulo,
E com a respiração já muito fraca
Sentir como que a ponta de uma faca,
Cortando as raízes do último vocábulo!

Não haver terapêutica que arranque
Tanta opressão como se, com efeito,
lhe houvessem sacudido sobre o peito
A máquina pneumática de Bianchi!

E o ar fugindo e a Morte a arca da tumba
A erguer, como um cronômetro gigante,
Marcando a transição emocionante
Do lar materno para a catacumba!

Mas vos não lamenteis, magras mulheres,
Nos ardores danados da febre hética,
Consagrando vossa última fonética
A uma recitação de misereres.

Antes levardes ainda uma quimera
Para a garganta omnívora das lajes
Do que morrerdes, hoje, urrando ultrajes
Contra a dissolução que vos espera!

Porque a morte, resfriando-vos o rosto,
Consoante a minha concepção vesânica,
É a alfândega, onde toda a vida orgânica
Há de pagar um dia o último imposto!

IV

Começara a chover. Pelas algentes
Ruas, a água, em cachoeiras desobstruídas,
Encharcava os buracos das feridas,
Alagava a medula dos Doentes!

Do fundo do meu trágico destino,
Onde a Resignação os braços cruza,
Saía, com o vexame de uma fusa,
A mágoa gaguejada de um cretino.

Aquele ruído obscuro de gagueira
Que à noite, em sonhos mórbidos, me acorda,
Vinha da vibração bruta da corda
Mais recôndita da alma brasileira!

Aturdia-me a tétrica miragem
De que, naquele instante, no Amazonas,
Fedia, entregue a vísceras glutonas,
A carcaça esquecida de um selvagem.

A civilização entrou na taba
Em que ele estava. O gênio de Colombo
Manchou de opróbrios a alma do *mazombo*,
Cuspiu na cova do *morubixaba*!

E o índio, por fim, adstrito à étnica escória,
Recebeu, tendo o horror no rosto impresso,
Esse achincalhamento do progresso
Que o anulava na crítica da História!

Como quem analisa uma apostema,
De repente, acordando na desgraça,
Viu toda a podridão de sua raça...
    Na tumba de Iracema!...

Ah! Tudo, como um lúgubre ciclone,
Exercia sobre ela ação funesta
Desde o desbravamento da floresta
À ultrajante invenção do telefone.

E sentia-se pior que um vagabundo
Microcéfalo vil que a espécie encerra,
Desterrado na sua própria terra,
Diminuído na crônica do mundo!

A hereditariedade dessa pecha
Seguiria seus filhos. Dora em diante
Seu povo tombaria agonizante
Na luta da espingarda contra a flecha!

Veio-lhe então como à fêmea vêm antojos.
Uma desesperada ânsia improfícua
De estrangular aquela gente iníqua
Que progredia sobre os seus despojos!

Mas, diante a xantocroide raça loura,
Jazem, caladas, todas as inúbias,
E agora, sem difíceis nuanças dúbias,
Com uma clarividência aterradora,

Em vez da prisca tribo e indiana tropa
A gente deste século, espantada,
Vê somente a caveira abandonada
De uma raça esmagada pela Europa!

V

Era a hora em que arrastados pelos ventos,
Os fantasmas hamléticos dispersos
Atiram na consciência dos perversos
A sombra dos remorsos famulentos.

As mães sem coração rogavam pragas
Aos filhos bons. E eu, roído pelos medos,
Batia com o pentágono dos dedos
Sobre um fundo hipotético de chagas!

Diabólica dinâmica daninha
Oprimia meu cérebro indefeso
Com a força onerosíssima de um peso
Que eu não sabia mesmo de onde vinha.

Perfurava-me o peito a áspera pua
Do desânimo negro que me prostra,
E quase a todos os momentos mostra
Minha caveira aos bêbedos da rua.

Hereditariedades politípicas
Punham na minha boca putrescível
Interjeições de abracadabra horrível
E os verbos indignados das Filípicas.

Todos os vocativos dos blasfemos,
No horror daquela noite monstruosa,
Maldiziam, com voz estentorosa,
A peçonha inicial de onde nascemos.

Como que havia na ânsia de conforto
De cada ser, ex.: o homem e o ofídio,
Uma necessidade de suicídio
E um desejo incoercível de ser morto!

Naquela angústia absurda e tragicômica
Eu chorava, rolando sobre o lixo,
Com a contorção neurótica de um bicho
Que ingeriu 30 gramas de noz-vômica.

E, como um homem doido que se enforca,
Tentava, na terráquea superfície,
Consubstanciar-me todo com a imundície,
Confundir-me com aquela coisa porca!

Vinha, às vezes, porém, o anelo instável
De, com o auxílio especial do osso masséter
Mastigando homeomérias neutras de éter
Nutrir-me da matéria imponderável.

Anelava ficar um dia, em suma,
Menor que o anfióxus e inferior à tênia,
Reduzido à plastídula homogênea,
Sem diferenciação de espécie alguma.

Era (nem sei em síntese o que diga)
Um velhíssimo instinto atávico, era
A saudade inconsciente da monera
Que havia sido minha mãe antiga!

Com o horror tradicional da raiva corsa
Minha vontade era, perante a cova,
Arrancar do meu próprio corpo a prova
Da persistência trágica da força.

A pragmática má de humanos usos
Não compreende que a Morte que não dorme
É a absoção do movimento enorme
Na dispersão dos átomos difusos.

Não me incomoda esse último abandono.
Se a carne individual hoje apodrece,
Amanhã, como Cristo, reaparece
Na universalidade do carbono!

A vida vem do éter que se condensa,
Mas o que mais no Cosmos me entusiasma
É a esfera microscópica do plasma
Fazer a luz do cérebro que pensa.

Eu voltarei, cansado da árdua liça,
À substância inorgânica primeva,
De onde, por epigênese, veio Eva
E a *stirpe radiolar* chamada *Actissa*!

Quando eu for misturar-me com as violetas,
Minha lira, maior que a *Biblia* e a *Fedra*,
Reviverá, dando emoção à pedra,
Na acústica de todos os planetas!

VI

À álgida agulha, agora, alva, a saraiva
Caindo, análoga era... Um cão agora
Punha a atra língua hidrófoba de fora
Em contrações miológicas de raiva.

Mas, para além, entre oscilantes chamas
Acordavam os bairros da luxúria...
As prostitutas, doentes de hematúria,
Se extenuavam nas camas.

Uma, ignóbil, derreada de cansaço,
Quase que escangalhada pelo vício,
Cheirava com prazer no sacrifício
A lepra má que lhe roía o braço!

E ensanguentava os dedos da mão nívea
Com o sentimento gasto e a emoção pobre,
Nessa alegria bárbara que cobre
Os saracoteamentos da lascívia...

De certo, a perversão de que era presa
O *sensorium* daquela prostituta
Vinha da adaptação quase absoluta
À ambiência microbiana da baixeza!

Entanto, virgem fostes, e, quando o éreis,
Não tínheis ainda essa erupção cutânea,
Nem tínheis, vítima última da insânia,
Duas mamárias glândulas estéreis!

Ah! Certamente não havia ainda
Rompido, com violência, no horizonte,
O sol malvado que secou a fonte
De vossa castidade agora finda!

Talvez tivésseis fome, e as mãos, embalde,
Estendestes ao mundo, até que, à-toa,
Fostes vender a virginal coroa
Ao primeiro bandido do arrabalde.

E estais velha! — De vós o mundo é farto,
E hoje, que a sociedade vos enxota,
Somente as *bruxas* negras da derrota
Frequentam diariamente vosso quarto!

Prometem-vos (quem sabe?!) entre os ciprestes
Longe da mancebia dos alcouces,
Nas quietudes nirvânicas mais doces,
O noivado que em vida não tivestes!

VII

Quase todos os lutos conjugados,
Como uma associação de monopólio,
Lançavam pinceladas pretas de óleo
Na arquitetura arcaica dos sobrados.

Dentro da noite funda um braço humano
Parecia cavar ao longe um poço
Para enterrar minha ilusão de moço,
Como a boca de um poço artesiano!

Atabalhoadamente pelos becos,
Eu pensava nas coisas que perecem,
Desde as musculaturas que apodrecem
À ruína vegetal dos lírios secos.

Cismava no propósito funéreo
Da mosca debochada que fareja
O defunto, no chão frio da igreja,
E vai depois levá-lo ao cemitério!

E esfregando as mãos magras, eu, inquieto,
Sentia, na craniana caixa tosca,
A racionalidade dessa mosca,
A consciência terrível desse inseto!

Regougando, porém, *argots* e aljamias,
Como quem nada encontra que o perturbe,
A energúmena grei dos ébrios da urbe
Festejava seu sábado de infâmias.

A estática fatal das paixões cegas,
Rugindo fundamente nos neurônios,
Puxava aquele povo de demônios
Para a promiscuidade das adegas.

E a ébria turba que escaras sujas masca,
À falta idiossincrásica de escrúpulo,
Absorvia com gáudio absinto, lúpulo
E outras substâncias tóxicas da tasca.

O ar ambiente cheirava a ácido acético,
Mas, de repente, com o ar de quem empesta,
Apareceu, escorraçando a festa,
A mandíbula inchada de um morfético!

Saliências polimórficas vermelhas,
Em cujo aspecto o olhar perspícuo prendo,
Punham-lhe num destaque horrendo o horrendo
Tamanho aberratório das orelhas.

O fácies do morfético assombrava!
— Aquilo era uma negra eucaristia,
Onde minh'alma inteira surpreendia
A Humanidade que se lamentava!

Era todo o meu sonho, assim inchado,
Já podre, que a morfeia miserável
Tornava às impressões táteis, palpável,
Como se fosse um corpo organizado!

VIII

Em torno a mim, nesta hora, estriges voam,
E o cemitério, em que eu entrei adrede,
Dá-me a impressão de um *boulevard* que fede,
Pela degradação dos que o povoam.

Quanta gente, roubada à humana coorte
Morre de fome, sobre a palha espessa,
Sem ter, como Ugolino, uma cabeça
Que possa mastigar na hora da morte;

E nua, após baixar ao caos budista,
Vem para aqui, nos braços de um canalha,
Porque o madapolão para a mortalha
Custa 1 $ 200 ao lojista!

Que resta das cabeças que pensaram?!
E afundado nos sonhos mais nefastos,
Ao pegar num milhão de miolos gastos,
Todos os meus cabelos se arrepiaram.

Os evolucionismos benfeitores
Que por entre os cadáveres caminham,
Iguais a irmãs de caridade, vinham
Com a podridão dar de comer às flores!

Os defuntos então me ofereciam
Com as articulações das mãos inermes,
Num prato de hospital, cheio de vermes,
Todos os animais que apodreciam!

É possível que o estômago se afoite
(Muito embora contra isto a alma se irrite)
A cevar o antropófago apetite,
Comendo carne humana, à meia-noite!

Com uma ilimitadíssima tristeza,
Na impaciência do estômago vazio,

Eu devorava aquele bolo frio
Feito das podridões da Natureza!

E hirto, a camisa suada, a alma aos arrancos,
Vendo passar com as túnicas obscuras,
As escaveiradíssimas figuras
Das negras desonradas pelos brancos;

Pisando, como quem salta, entre fardos,
Nos corpos nus das moças hotentotes
Entregues, ao clarão de alguns archotes,
À sodomia indigna dos moscardos;

Eu maldizia o deus de mãos nefandas
Que, transgredindo a igualitária regra
Da Natureza, atira a raça negra
Ao contubérnio diário das quitandas!

Na evolução de minha dor grotesca,
Eu mendigava aos vermes insubmissos
Como indenização dos meus serviços,
O benefício de uma cova fresca.

Manhã. E eis-me a absorver a luz de fora,
Como o íncola do polo ártico, às vezes,
Absorve, após a noite de seis meses,
Os raios caloríficos da aurora.

Nunca mais as goteiras cairiam
Como propositais setas malvadas,
No frio matador das madrugadas,
Por sobre o coração dos que sofriam!

Do meu cérebro à absconsa tábua rasa
Vinha a luz restituir o antigo crédito,
Proporcionando-me o prazer inédito,
De quem possui um sol dentro de casa.

Era a volúpia fúnebre que os ossos
Me inspiravam, trazendo-me ao sol claro,

À apreensão fisiológica do faro
O odor cadaveroso dos destroços!

IX

O inventário do que eu já tinha sido
Espantava. Restavam só de Augusto
A forma de um mamífero vetusto
E a cerebralidade de um vencido!

O gênio procriador da espécie eterna
Que me fizera, em vez de hiena ou lagarta,
Uma sobrevivência de Sidarta,
Dentro da filogênese moderna;

E arrancara milhares de existências
Do ovário ignóbil de uma fauna imunda,
Ia arrastando agora a alma infecunda
Na mais triste de todas as falências.

No céu calamitoso de vingança
Desagregava, déspota e sem normas,
O adesionismo biôntico das formas
Multiplicadas pela lei da herança!

A ruína vinha horrenda e deletéria
Do subsolo infeliz, vinha de dentro
Da matéria em fusão que ainda há no centro,
Para alcançar depois a periferia!

Contra a Arte, oh! Morte, em vão teu ódio exerces!
Mas, a meu ver, os sáxeos prédios tortos
Tinham aspectos de edifícios mortos,
Decompondo-se desde os alicerces!

A doença era geral, tudo a extenuar-se
Estava. O Espaço abstrato que não morre

Cansara... O ar que, em colônias fluídas, corre,
Parecia também desagregar-se!

O pródromos de um tétano medonho
Repuxavam-me o rosto... Hirto de espanto,
Eu sentia nascer-me n 'alma, entanto,
O começo magnífico de um sonho!

Entre as formas decrépitas do povo,
Já batiam por cima dos estragos
A sensação e os movimentos vagos
Da célula inicial de um Cosmos novo!

O letargo larvário da cidade
Crescia. Igual a um parto, numa furna,
Vinha da original treva noturna,
O vagido de uma outra Humanidade!

E eu, com os pés atolados no Nirvana,
Acompanhava, com um prazer secreto,
A gestação daquele grande feto,
Que vinha substituir a Espécie Humana!

ASA DE CORVO

Asa de corvos carniceiros, asa
De mau agouro que, nos doze meses,
Cobre às vezes o espaço e cobre às vezes
O telhado de nossa própria casa...

Perseguido por todos os reveses,
É meu destino viver junto a essa asa,
Como a cinza que vive junto à brasa,
Como os Goncourts, como os irmãos siameses!

É com essa asa que eu faço este soneto
E a indústria humana faz o pano preto
Que as famílias de luto martiriza...

É ainda com essa asa extraordinária
Que a Morte — a costureira funerária —
Cose para o homem a última camisa

UMA NOITE NO CAIRO

Noite no Egito. O céu claro e profundo
Fulgura. A rua é triste. A Lua cheia
Está sinistra, e sobre a paz do mundo
A alma dos Faraós anda e vagueia.

Os mastins negros vão ladrando à lua...
O Cairo é de uma formosura arcaica.
No ângulo mais recôndito da rua
Passa cantando uma mulher hebraica.

O Egito é sempre assim quando anoitece!
Às vezes, das pirâmides o quedo
E atro perfil, exposto ao luar, parece
Uma sombria interjeição de medo!

Como um contraste àqueles misereres,
Num quiosque em festa alegre turba grita,
E dentro dançam homens e mulheres
Numa aglomeração cosmopolita.

Tonto do vinho, um saltimbanco da Ásia,
Convulso e roto, no apogeu da fúria,
Executando evoluções de *razzia*
Solta um brado epilético de injúria!

Em derredor duma ampla mesa preta
— Última nota do conúbio infando —
Vêem-se dez jogadores de roleta
Fumando, discutindo, conversando.

Resplandece a celeste superfície.
Dorme soturna a natureza sábia...
Embaixo, na mais próxima planície,
Pasta um cavalo esplêndido da Arábia.

Vaga no espaço um silfo solitário.
Troam *kinnors*! Depois tudo é tranquilo. .
Apenas como um velho stradivário,
Soluça toda a noite a água do Nilo!

O MARTÍRIO DO ARTISTA

Arte ingrata! E conquanto, em desalento,
A órbita elipsoidal dos olhos lhe arda,
Busca exteriorizar o pensamento
Que em suas frontais células guarda!

Tarda-lhe a Ideia! A inspiração lhe tarda!
E ei-lo a tremer, rasga o papel, violento,
Como o soldado que rasgou a farda
No desespero do último momento!

Tenta chorar e os olhos sente enxutos!...
É como o paralítico que, à míngua
Da própria voz e na que ardente o lavra

Febre de em vão falar, com os dedos brutos
Para falar, puxa e repuxa a língua,
E não lhe vem à boca uma palavra!

DUAS ESTROFES

(À memória de João de Deus)

Ahi! ciechi! il tanto affaticar che giova?
Tutti torniamoallagran madre antica
E il nostro nome appena si ritrova.

Petrarca

A queda do teu lírico arrabil
De um sentimento português ignoto
Lembra Lisboa, bela como um brinco,
Que um dia no ano trágico de mil
E setecentos e cinquenta e cinco,
Foi abalada por um terremoto!

A água quieta do Tejo te abençoa.
Tu representas toda essa Lisboa
De glórias quase sobrenaturais,
Apenas com uma diferença triste,
Com a diferença que Lisboa existe
E tu, amigo, não existes mais!

O MAR, A ESCADA E O HOMEM

"Olha agora, mamífero inferior,
"À luz da epicurista *ataraxia*,
"O fracasso de tua geografia
"E do teu escafandro esmiuçador!

"Ah! Jamais saberás ser superior,
"Homem, a mim, conquanto ainda hoje em dia,
"Com a ampla hélice auxiliar com que outrora ia
"Voando ao vento o vastíssimo vapor.

"Rasgue a água hórrida a nau árdega e singre-me!"
E a verticalidade da Escada Íngreme:
"Homem, já transpuseste os meus degraus? !"

E Augusto, o Hércules, o Homem, aos soluços,
Ouvindo a Escada e o Mar, caiu de bruços
No pandemônio aterrador do Caos!

DECADÊNCIA

Iguais às linhas perpendiculares
Caíram, como cruéis e hórridas hastas
Nas suas 33 vértebras gastas
Quase todas as pedras tumulares!

A frialdade dos círculos polares,
Em sucessivas atuações nefastas,
Penetrara-lhe os próprios neuroplastas,
Estragara-lhe os centros medulares!

Como quem quebra o objeto mais querido
E começa a apanhar piedosamente
Todas as microscópicas partículas,

Ele hoje vê que, após tudo perdido,
Só lhe restam agora o último dente
E a armação funerária das clavículas!

RICORDANZA DELLA MIA GIOVENTÚ

A minha ama-de-leite Guilhermina
Furtava as moedas que o Doutor me dava.
Sinhá-Mocinha, minha Mãe, ralhava...
Via naquilo a minha própria ruína!

Minha ama, então, hipócrita, afetava
Susceptibilidade de menina:
"— Não, não fora ela! —" E maldizia a sina,
Que ela absolutamente não furtava.

Vejo, entretanto, agora, em minha cama,
Que a mim somente cabe o furto feito...
Tu só furtaste a moeda, o ouro que brilha...

Furtaste a moeda só, mas eu, minha ama,
Eu furtei mais, porque furtei o peito
Que dava leite para a tua filha!

A UM MASCARADO

Rasga essa máscara ótima de seda
E atira-a à arca ancestral dos palimpsestos...
É noite, e, à noite, a escândalos e incestos
É natural que o instinto humano aceda!

Sem que te arranquem da garganta queda
A interjeição danada dos protestos,
Hás de engolir, igual a um porco, os restos
Duma comida horrivelmente azeda!

A sucessão de hebdômadas medonhas
Reduzirá os mundos que tu sonhas
Ao microcosmos do ovo primitivo...

E tu mesmo, após a árdua e atra refrega,
Terás somente uma vontade cega
E uma tendência obscura de ser vivo!

VOZES DE UM TÚMULO

Morri! E a Terra — a mãe comum — o brilho
Destes meus olhos apagou!... Assim
Tântalo, aos reais convivas, num festim,
Serviu as carnes do seu próprio filho!

Por que para este cemitério vim?!
Por quê?! Antes da vida o angusto trilho
Palmilhasse, do que este que palmilho
E que me assombra, porque não tem fim!

No ardor do sonho que o fronema exalta
Construí de orgulho ênea pirâmide alta...
Hoje, porém, que se desmoronou

A pirâmide real do meu orgulho,
Hoje que apenas sou matéria e entulho
Tenho consciência de que nada sou!

CONTRASTES

A antítese do novo e do absoleto,
O Amor e a Paz, o Ódio e a Carnificina,
O que o homem ama e o que o homem abomina,
Tudo convém para o homem ser completo!

O ângulo obtuso, pois, e o ângulo reto,
Uma feição humana e outra divina
São como a eximenina e a endimenina
Que servem ambas para o mesmo feto!

Eu sei tudo isto mais do que o Eclesiastes!
Por justaposição destes contrastes,
Junta-se um hemisfério a outro hemisfério,

Às alegrias juntam-se as tristezas,
E o carpinteiro que fabrica as mesas
Faz também os caixões do cemitério!...

GEMIDOS DE ARTE

I

Esta desilusão que me acabrunha
É mais traidora do que o foi Pilatos!...
Por causa disto, eu vivo pelos matos,
Magro, roendo a substância córnea da unha.

Tenho estremecimentos indecisos
E sinto, haurindo o tépido ar sereno,
O mesmo assombro que sentiu Parfeno
Quando arrancou os olhos de Dionisos!

Em giro e em redemoinho em mim caminham
Ríspidas mágoas estranguladoras,
Tais quais, nos fortes fulcros, as tesouras
Brônzeas, também giram e redemoinham.

Os pães — filhos legítimos dos trigos —
Nutrem a geração do ódio e da Guerra...
Os cachorros anônimos da terra
São talvez os meus únicos amigos!

Ah! Por que desgraçada contingência
À hispida aresta sáxea áspera e abrupta
Da rocha brava, numa ininterrupta
Adesão, não prendi minha existência?!

Por que Jeová, maior do que Laplace,
Não fez cair o túmulo de Plínio
Por sobre todo o meu raciocínio
Para que eu nunca mais raciocinasse?!

Pois minha Mãe tão cheia assim daqueles
Carinhos, com que guarda meus sapatos,
Por que me deu consciência dos meus atos
Para eu me arrepender de todos eles?!

Quisera antes, mordendo glabros talos,
Nabucodonosor ser do Pau d'Arco,
Beber a acre e estagnada água do charco,
Dormir na manjedoura com os cavalos!

Mas a carne é que é humana! A alma é divina.
Dorme num leito de feridas, goza
O lodo, apalpa a úlcera cancerosa,
Beija a peçonha, e não se contamina!

Ser homem! escapar de ser aborto!
Sair de um ventre inchado que se anoja,
Comprar vestidos pretos numa loja
E andar de luto pelo pai que é morto!

E por trezentos e sessenta dias
Trabalhar e comer! Martírios juntos!
Alimentar-se dos irmãos defuntos,
Chupar os ossos das alimarias!

.Barulho de mandíbulas e abdomens!
E vem-me com um desprezo por tudo isto
Uma vontade absurda de ser Cristo
Para sacrificar-me pelos homens!

Soberano desejo! Soberana
Ambição de construir para o homem uma
religião onde não cuspa língua alguma
O óleo rançoso da saliva humana!

Uma região sem nódoas e sem lixos,
Subtraída à hediondez de ínfimo casco,
Onde a forca feroz coma o carrasco
E o olho do estuprador se encha de bichos!

Outras constelações e outros espaços
Em que, no agudo grau da última crise,
O braço do ladrão se paralise
E a mão da meretriz caia aos pedaços!

II

O sol agora é de um fulgor compacto,
E eu vou andando, cheio de chamusco,
Com a flexibilidade de um molusco,
Úmido, pegajoso e untuoso ao tacto!

Reúnam-se em rebelião ardente e acesa
Todas as minhas forças emotivas
E armem ciladas como cobras vivas
Para despedaçar minha tristeza!

O sol de cima espiando a flora moça
Arda, fustigue, queime, corte, morda!...
Deleito a vista na verdura gorda
Que nas hastes delgadas se balouça!

Avisto o vulto das sombrias granjas
Perdidas no alto... Nos terrenos baixos,
Das laranjeiras eu admiro os cachos
E a ampla circunferência das laranjas.

Ladra furiosa a tribo dos podengos.
Olhando para as pútridas charnecas
Grita o exército avulso das marrecas
Na úmida copa dos bambus verdoengos.

Um pássaro alvo artífice da teia
De um ninho, salta, no árdego trabalho,
De árvore em árvore e de galho em galho,
Com a rapidez duma semicolcheia.

Em grandes semicírculos aduncos,
Entrançados, pelo ar, largando pelos,
Voam à semelhança de cabelos
Os chicotes finíssimos dos juncos.

Os ventos vagabundos batem, bolem
Nas árvores. O ar cheira. A terra cheira...
E a alma dos vegetais rebenta inteira
De todos os corpúsculos do pólen.

A câmara nupcial de cada ovário
Se abre. No chão coleia a lagartixa.
Por toda a parte a seiva bruta esguicha
Num extravasamento involuntário.

Eu, depois de morrer, depois de tanta
Tristeza, quero, em vez do nome *Augusto*,
Possuir aí o nome dum arbusto
Qualquer ou de qualquer obscura planta!

III

Pelo acidentadíssimo caminho
Faísca o sol. Nédios, batendo a cauda,
Urram os bois. O céu lembra uma lauda
Do mais incorruptível pergaminho.

Uma atmosfera má de incômoda hulha
Abafa o ambiente. O aziago ar morto a morte
Fede. O ardente calor da areia forte
Racha-me os pés como se fosse agulha.

Não sei que subterrânea e atra voz rouca,
Por saibros e por cem côncavos vales,
Como pela avenida das Mappales,
Me arrasta à casa do finado *Toca*!

Todas as tardes a esta casa venho.
Aqui, outrora, sem conchego nobre,
Viveu, sentiu e amou este homem pobre
Que carregava canas para o engenho!

Nos outros tempos e nas outras eras,
Quantas flores! Agora, em vez de flores,
Os musgos, como exóticos pintores,
Pintam caretas verdes nas taperas.

Na bruta dispersão de vítreos cacos,
À dura luz do sol resplandecente,
Trôpega e antiga, uma parede doente
Mostra a cara medonha dos buracos.

O cupim negro broca o âmago fino
Do teto. E traça trombas de elefantes
Com as circunvoluções extravagantes
Do seu complicadíssimo intestino.

O lodo obscuro trepa-se nas portas.
Amontoadas em grossos feixes rijos,
As lagartixas, dos esconderijos,
Estão olhando aquelas coisas mortas!

Fico a pensar no Espírito disperso
Que, unindo a pedra ao *gneiss* e a árvore à criança,
Como um anel enorme de aliança,
Une todas as coisas do Universo!

E assim pensando, com a cabeça em brasas
Ante a fatalidade que me oprime,
Julgo ver este Espírito sublime,
Chamando-me do sol com as suas asas!

Gosto do sol ignívomo e iracundo
Como o réptil gosta quando se molha
E na atra escuridão dos ares, olha
Melancolicamente para o mundo!

Essa alegria imaterializada,
Que por vezes me absorve, é o óbolo obscuro,
É o pedaço já podre de pão duro
Que o miserável recebeu na estrada!

Não são os cinco mil milhões de francos
Que a Alemanha pediu a Jules Favre...
É o dinheiro coberto de azinhavre
Que o escravo ganha, trabalhando aos brancos!

Seja este sol meu último consolo;
E o espírito infeliz que em mim se encarna
Se alegre ao sol, como quem raspa a sarna,
Só, com a misericórdia de um tijolo!...

Tudo enfim a mesma órbita percorre
E as bocas vão beber o mesmo leite...
A lamparina quando falta o azeite
Morre, da mesma forma que o homem morre.

Súbito, arrebentando a horrenda calma,
Grito, e se grito é para que meu grito
Seja a revelação deste Infinito
Que eu trago encarcerado na minh'alma!

Sol brasileiro! queima-me os destroços!
Quero assistir, aqui, sem pai que me ame,
De pé, à luz da consciência infame,
À carbonização dos próprios ossos!

VERSOS DE AMOR

A um poeta erótico

Parece muito doce aquela cana.
Descasco-a, provo-a, chupo-a... Ilusão treda!
O amor, poeta, é como a cana azeda,
A toda a boca que o não prova engana.

Quis saber que era o amor, por experiência,
E hoje que, enfim, conheço o seu conteúdo,
Pudera eu ter, eu que idolatro o estudo,
Todas as ciências menos esta ciência!

Certo, este o amor não é que, em ânsias, amo
Mas certo, o egoísta amor este é que acinte
Amas, oposto a mim. Por conseguinte
Chamas amor aquilo que eu não chamo.

Oposto ideal ao meu ideal conservas.
Diverso é, pois, o ponto outro de vista
Consoante o qual, observo o amor, do egoísta
Modo de ver, consoante o qual, o observas.

Porque o amor, tal como eu o estou amando,
É Espírito, é éter, é substância fluida,
É assim como o ar que a gente pega e cuida,
Cuida, entretanto, não o estar pegando!

É a transubstanciação de instintos rudes,
Imponderabilíssima e impalpável,
Que anda acima da carne miserável
Como anda a garça acima dos açudes!

Para reproduzir tal sentimento
Daqui por diante, atenta a orelha cauta,
Como Mársias — o inventor da flauta —
Vou inventar também outro instrumento!

Mas de tal arte e espécie tal fazê-lo
Ambiciono, que o idioma em que te eu falo
Possam todas as línguas decliná-lo
Possam todos os homens compreendê-lo!

Para que, enfim, chegando à última calma
Meu podre coração roto não role,
Integralmente desfibrado e mole,
Como um saco vazio dentro d'alma!

SONETOS

I

A meu Pai doente

Para onde fores, Pai, para onde fores,
Irei também, trilhando as mesmas ruas...
Tu, para amenizar as dores tuas,
Eu, para amenizar as minhas dores!

Que coisa triste! O campo tão sem flores,
E eu tão sem crença e as árvores tão nuas
E tu, gemendo, e o horror de nossas duas
Mágoas crescendo e se fazendo horrores!

Magoaram-te, meu Pai?! Que mão sombria,
Indiferente aos mil tormentos teus
De assim magoar-te sem pesar havia?!

— Seria a mão de Deus?! Mas Deus enfim
É bom, é justo, e sendo justo, Deus,
Deus não havia de magoar-te assim!

II

A meu Pai morto

Madrugada de Treze de Janeiro,
Rezo, sonhando, o ofício da agonia.
Meu Pai nessa hora junto a mim morria
Sem um gemido, assim como um cordeiro!

E eu nem lhe ouvi o alento derradeiro!
Quando acordei, cuidei que ele dormia,
E disse à minha Mãe que me dizia:
"Acorda-o"! deixa-o, Mãe, dormir primeiro !

E saí para ver a Natureza!
Em tudo o mesmo abismo de beleza,
Nem uma névoa no estrelado véu...

Mas pareceu-me, entre as estrelas flóreas,
Como Elias, num carro azul de glórias,
Ver a alma de meu Pai subindo ao Céu!

III

Podre meu Pai! A Morte o olhar lhe vidra.
Em seus lábios que os meus lábios osculam
Microrganismos fúnebres pululam
Numa fermentação gorda de cidra.

Duras leis as que os homens e a hórrida hidra
A uma só lei biológica vinculam,
E a marcha das moléculas regulam,
Com a invariabilidade da clepsidra!...

Podre meu Pai! E a mão que enchi de beijos
Roída toda de bichos, como os queijos
Sobre a mesa de orgíacos festins!...

Amo meu Pai na atômica desordem
Entre as bocas necrófagas que o mordem
E a terra infecta que lhe cobre os rins!

DEPOIS DA ORGIA

O prazer que na orgia a hetaira goza
Produz no meu *sensorium* de bacante
O efeito de uma túnica brilhante
Cobrindo ampla apostema escrofulosa!

Troveja! E anelo ter, sôfrega e ansiosa,
O sistema nervoso de um gigante
Para sofrer na minha carne estuante
A dor da força cósmica furiosa.

Apraz-me, enfim, despindo a última alfaia
Que ao comércio dos homens me traz presa,
Livre deste cadeado de peçonha,

Semelhante a um cachorro de atalaia
Às decomposições da Natureza,
Ficar latindo minha dor medonha!

A ÁRVORE DA SERRA

— As árvores, meu filho, não têm alma!
E esta árvore me serve de empecilho...
É preciso cortá-la, pois, meu filho,
Para que eu tenha uma velhice calma!

— Meu pai, por que sua ira não se acalma?!
Não vê que em tudo existe o mesmo brilho?!
Deus pôs almas nos cedros... no junquilho...
Esta árvore, meu pai, possui minha’alma[t]

— Disse e ajoelhou-se, numa rogativa:
“Não mate a árvore, pai, para que eu viva!”
E quando a árvore, olhando a pátria serra,

Caiu aos golpes do machado bronco,
O moço triste se abraçou com o tronco
E nunca mais se levantou da terra!

VENCIDO

No auge de atordoadora e ávida sanha
Leu tudo, desde o mais prístino mito,
Por exemplo: o do boi Ápis do Egito
Ao velho Niebelungen da Alemanha.

Acometido de uma febre estranha
Sem o escândalo fônico de um grito,
Mergulhou a cabeça no Infinito,
Arrancou os cabelos na montanha!

Desceu depois à gleba mais bastarda,
Pondo a áurea insígnia heráldica da farda
À vontade do vômito plebeu...

E ao vir-lhe o cuspo diário à boca fria
O vencido pensava que cuspia
Na célula infeliz de onde nasceu.

O CORRUPIÃO

Escaveirado corrupião idiota,
Olha a atmosfera livre, o amplo éter belo,
E a alga criptógama e a úsnea e o cogumelo,
Que do fundo do chão todo o ano brota!

Mas a ânsia de alto voar, de à antiga rota
Voar, não tens mais! E pois, preto e amarelo,
Pões-te a assobiar, bruto, sem cerebelo
A gargalhada da última derrota!

A gaiola aboliu tua vontade.
Tu nunca mais verás a liberdade!...
Ah! Tu somente ainda és igual a mim.

Continua a comer teu milho alpiste.
Foi este mundo que me fez tão triste,
Foi a gaiola que te pôs assim!

NOITE DE UM VISIONÁRIO

Número cento e três. Rua Direita.
Eu tinha a sensação de quem se esfola
E inopinadamente o corpo atola
Numa poça de cerne liquefeita!

— "Que esta alucinação tátil não cresça!"
— Dizia; e erguia, oh! céu, alto, por ver-vos,
Com a rebeldia acérrima dos nervos
Minha atormentadíssima cabeça.

É a potencialidade que me eleva
Ao grande Deus, e absorve em cada viagem
Minh'alma — este sombrio personagem
Do drama panteístico da treva!

Depois de dezesseis anos de estudo
Generalizações grandes e ousadas
Traziam minhas forças concentradas
Na compreensão monística de tudo.

Mas a aguadilha pútrida o ombro inerme
Me aspergia, banhava minhas tíbias,
E a ela e aliava o ardor das sirtes líbias,
Cortando o melanismo da epiderme.

Arimânico gênio destrutivo
Desconjuntava minha autônoma alma
Esbandalhando essa unidade calma,
Que forma a coerência do ser vivo.

E eu saí a tremer com a língua grossa
E a volição no cúmulo do exício,
Como quem é levado para o hospício
Aos trambolhões, num canto de carroça!

Perante o inexorável céu aceso
Agregações abióticas espúrias,
Como uma cara, recebendo injúrias,
Recebiam os cuspos do desprezo.

A essa hora, nas telúrias reservas,
O reino mineral americano
Dormia, sob os pés do orgulho humano,
E a cimalha minúscula das ervas.

E não haver quem, íntegra, lhe entregue,
Com os ligamentos glóticos precisos,
A liberdade de vingar em risos
A angústia milenária que o persegue!

Bolia nos obscuros labirintos
Da fértil terra gorda, úmida e fresca,
A ínfima fauna abscôndita e grotesca
Da família bastarda dos helmintos.

As vegetalidades subalternas
Que os serenos noturnos orvalhavam,
Pela alta frieza intrínseca, lembravam
Toalhas molhadas sobre as minhas pernas.

E no estrume fresquíssimo da gleba
Formigavam, com a símplice sarcode,
O vibrião, o ancilóstomo, o colpode
E outros irmãos legítimos da ameba!

E todas essas formas que Deus lança
No Cosmos, me pediam, com o ar horrível,
Um pedaço de língua disponível
Para a filogenética vingança!

A cidade exalava um podre báfio:
Os anúncios das casas de comércio,
Mais tristes que as elegias de Propércio,
Pareciam talvez meu epitáfio.

O motor teleológico da Vida
Parara! Agora, em diástoles de guerra,
Vinha do coração quente da terra
Um rumor de matéria dissolvida.

A química feroz do cemitério
Transformava porções de átomos juntos
No óleo malsão que escorre dos defuntos,
Com a abundância de um *geyser* deletério.

Dedos denunciadores escreviam
Na lúgubre extensão da rua preta
Todo o destino negro do planeta,
Onde minhas moléculas sofriam.

Um necrófilo mau forçava as lousas
E eu — coetâneo do horrendo cataclismo —
Era puxado para aquele abismo
No redemoinho universal das cousas!

ALUCINAÇÃO À BEIRA-MAR

Um medo de morrer meus pés esfriava.
Noite alta. Ante o telúrico recorte,
Na diuturna discórdia, a equórea coorte
Atordoadoramente ribombava!

Eu, ególatra céptico, cismava
Em meu destino!... O vento estava forte
E aquela matemática da Morte
Com os seus números negros, me assombrava!

Mas a alga usufrutuária dos oceanos
E os malacopterígios subraquianos
Que um castigo de espécie emudeceu,

No eterno horror das convulções marítimas
Pareciam também corpos de vítimas
Condenados à Morte, assim como eu!

VANDALISMO

Meu coração tem catedrais imensas,
Templos de priscas e longínquas datas,
Onde um nume de amor, em serenatas,
Canta a aleluia virginal das crenças.

Na ogiva fúlgida e nas colunatas
Vertem lustrais irradiações intensas
Cintilações de lâmpadas suspensas
E as ametistas e os florões e as pratas.

Com os velhos Templários medievais
Entrei um dia nessas catedrais
E nesses templos claros e risonhos...

E erguendo os gládios e brandindo as hastas,
No desespero dos iconoclastas
Quebrei a imagem dos meus próprios sonhos!

VERSOS ÍNTIMOS

Vês! Ninguém assistiu ao formidável
Enterro de tua última quimera.
Somente a Ingratidão — esta pantera —
Foi tua companheira inseparável!

Acostuma-te à lama que te espera!
O Homem, que, nesta terra miserável,
Mora, entre feras, sente inevitável
Necessidade de também ser fera.

Toma um fósforo. Acende teu cigarro!
O beijo, amigo, é a véspera do escarro,
A mão que afaga é a mesma que apedreja.

Se a alguém causa inda pena a tua chaga,
Apedreja essa mão vil que te afaga,
Escarra nessa boca que te beija!

VENCEDOR

Toma as espadas rútilas, guerreiro,
E à rutilância das espadas, toma
A adaga de aço, o gládio de aço, e doma
Meu coração — estranho carniceiro!

Não podes?! Chama então presto o primeiro
E o mais possante gladiador de Roma.
E qual mais pronto, e qual mais presto assoma
Nenhum pôde domar o prisioneiro.

Meu coração triunfava nas arenas.
Veio depois um domador de hienas
E outro mais, e, por fim, veio um atleta,

Vieram todos, por fim; ao todo, uns cem...
E não pôde domá-lo enfim ninguém,
Que ninguém doma um coração de poeta!

A ILHA DE CIPANGO

Estou sozinho! A estrada se desdobra
Como uma imensa e rutilante cobra
De epiderme finíssima de areia...
E por essa finíssima epiderme
Eis-me passeando como um grande verme
Que, ao sol, em plena podridão, passeia!

A agonia do sol vai ter começo!
Caio de joelhos, trêmulo... Ofereço
Preces a Deus de amor e de respeito
E o Ocaso que nas águas se retrata
Nitidamente reproduz, exata,
A saudade interior que há no meu peito...

Tenho alucinações de toda a sorte...
Impressionado sem cessar com a Morte
E sentindo o que um lázaro não sente,
Em negras nuanças lúgubres e aziagas
Vejo terribilíssimas adagas,
Atravessando os ares bruscamente.

Os olhos volvo para o céu divino
E observo-me pigmeu e pequenino
Através de minúsculos espelhos.
Assim, quem diante duma cordilheira,
Pára, entre assombros, pela vez primeira,
Sente vontade de cair de joelhos!

Soa o rumor fatídico dos ventos,
Anunciando desmoronamentos
De mil lajedos sobre mil lajedos...
E ao longe soam trágicos fracassos
De heróis, partindo e fraturando os braços
Nas pontas escarpadas dos rochedos!

Mas de repente, num enleio doce,
Qual se num sonho arrebatado fosse,
Na ilha encantada de Cipango tombo,
Da qual, no meio, em luz perpétua, brilha
A árvore da perpétua maravilha,
À cuja sombra descansou Colombo!

Foi nessa ilha encantada de Cipango,
Verde, afetando a forma de um losango,
Rica, ostentando amplo floral risonho,
Que Toscanelli viu seu sonho extinto
E como sucedeu a Afonso Quinto
Foi sobre essa ilha que extingui meu sonho!

Lembro-me bem. Nesse maldito dia
O gênio singular da Fantasia
Convidou-me a sorrir para um passeio...
Iríamos a um país de eternas pazes
Onde em cada deserto há mil oásis
E em cada rocha um cristalino veio.

Gozei numa hora séculos de afagos,
Banhei-me na água de risonhos lagos,
E finalmente me cobri de flores...
Mas veio o vento que a Desgraça espalha
E cobriu-me com o pano da mortalha,
Que estou cosendo para os meus amores!

Desde então para cá fiquei sombrio!
Um penetrante e corrosivo frio
Anestesiou-me a sensibilidade
E a grandes golpes arrancou as raízes
Que prendiam meus dias infelizes
A um sonho antigo de felicidade !

Invoco os Deuses salvadores do erro.
A tarde morre. Passa o seu enterro!...
A luz descreve ziguezagues tortos
Enviando à terra os derradeiros beijos.
Pela estrada feral dois realejos
Estão chorando meus amores mortos!

E a treva ocupa toda a estrada longa...
O Firmamento é uma caverna oblonga
Em cujo fundo a Via-Láctea existe.
E como agora a lua cheia brilha!
Ilha maldita vinte vezes a ilha
Que para todo o sempre me fez triste!

MATER

Como a crisálida emergindo do ovo
Para que o campo flórido a concentre
Assim, oh! Mãe, sujo de sangue, um novo
Ser, entre dores, te emergiu do ventre!

E puseste-lhe, haurindo amplo deleite,
No lábio róseo a grande teta farta
— Fecunda fonte desse mesmo leite
Que amamentou os efebos de Esparta. —

Com que avidez ele essa fonte suga!
Ninguém mais com a Beleza está de acordo,
Do que essa pequenina sanguessuga,
Bebendo a vida no teu seio gordo!

Pois, quanto a mim, sem pretensões, comparo
Essas humanas coisas pequeninas
A um *biscuit* de quilate muito raro
Exposto aí, à amostra, nas vitrinas.

Mas o ramo fragílimo e venusto
Que hoje nas débeis gêmulas se esboça,
Há de crescer, há de tornar-se arbusto
E álamo altivo de ramagem grossa.

Clara, a atmosfera se encherá de aromas,
O Sol virá das épocas sadias...
E o antigo leão, que te esgotou as pomas,
Há de beijar-te as mãos todos os dias!

Quando chegar depois tua velhice
Batida pelos bárbaros invernos.
Relembrarás chorando o que eu te disse
À sombra dos sicômoros eternos!

POEMA NEGRO

A Santos Neto

Para iludir minha desgraça, estudo.
Intimamente sei que não me iludo.
Para onde vou (o mundo inteiro o nota)
Nos meus olhares fúnebres, carrego
A indiferença estúpida de um cego
E o ar indolente de um chinês idiota!

A passagem dos séculos me assombra.
Para onde irá correndo minha sombra
Nesse cavalo de eletricidade?!
Caminho, e a mim pergunto, na vertigem:
— Quem sou? Para onde vou? Qual minha origem?
E parece-me um sonho a realidade.

Em vão com o grito do meu peito impreco!
Dos brados meus ouvindo apenas o eco,
Eu torço os braços numa angústia douda
E muita vez, à meia-noite, rio
Sinistramente, vendo o verme frio
Que há de comer a minha carne toda!

É a Morte — esta carnívora assanhada —
Serpente má de língua envenenada
Que tudo que acha no caminho, come...
— Faminta e atra mulher que, a 1 de Janeiro,
Sai para assassinar o mundo inteiro,
E o mundo inteiro não lhe mata a fome!

Nesta sombria análise das cousas,
Corro. Arranco os cadáveres das lousas
E as suas partes podres examino...
Mas de repente, ouvindo um grande estrondo,
Na podridão daquele embrulho hediondo
Reconheço assombrado o meu Destino!

Surpreendo-me, sozinho, numa cova.
Então meu desvario se renova...
Como que, abrindo todos os jazigos,
A Morte, em trajes pretos e amarelos.
Levanta contra mim grandes cutelos
E as baionetas dos dragões antigos!

E quando vi que aquilo vinha vindo
Eu fui caindo como um sol caindo
De declínio em declínio; e de declínio
Em declínio, com a gula de uma fera,
Quis ver o que era, e quando vi o que era,
Vi que era pó, vi que era esterquilínio!

Chegou a tua vez, oh! Natureza!
Eu desafio agora essa grandeza,
Perante a qual meus olhos se extasiam...
Eu desafio, desta cova escura,
No histerismo danado da tortura
Todos os monstros que os teus peitos criam.

Tu não és minha mãe, velha nefasta!
Com o teu chicote frio de madrasta
Tu me açoitaste vinte e duas vezes...
Por tua causa apodreci nas cruzes,
Em que pregas os filhos que produzes
Durante os desgraçados nove meses!

Semeadora terrível de defuntos,
Contra a agressão dos teus contrastes juntos
A besta, que em mim dorme, acorda em berros;
Acorda, e após gritar a última injúria,
Chocalha os dentes com medonha fúria
Como se fosse o atrito de dois ferros!

Pois bem! Chegou minha hora de vingança.
Tu mataste o meu tempo de criança
E de segunda-feira até domingo,
Amarrado no horror de tua rede,
Deste-me fogo quando eu tinha sede...
Deixa-te estar, canalha, que eu me vingo!

Súbito outra visão negra me espanta!
Estou em Roma. É Sexta-feira Santa.
A treva invade o obscuro orbe terrestre.
No Vaticano, em grupos prosternados,
Com as longas fardas rubras, os soldados
Guardam o corpo do Divino Mestre.

Como as estalactites da caverna,
Cai no silêncio da Cidade Eterna
A água da chuva em largos fios grossos...
De Jesus Cristo resta unicamente
Um esqueleto; e a gente, vendo-o, a gente
Sente vontade de abraçar-lhe os ossos!

Não há ninguém na estrada da Ripetta.
Dentro da Igreja de São Pedro, quieta,
As luzes funerais arquejam fracas...
O vento entoa cânticos de morte.
Roma estremece! Além, num rumor forte,
Recomeça o barulho das matracas.

A desagregação da minha Ideia
Aumenta. Como as chagas da morfeia
O medo, o desalento e o desconforto
Paralisam-me os círculos motores.
Na Eternidade, os ventos gemedores
Estão dizendo que Jesus é morto!

Não! Jesus não morreu! Vive na serra
Da Borborema, no ar de minha terra,
Na molécula e no átomo... Resume
A espiritualidade da matéria
E ele é que embala o corpo da miséria
E faz da cloaca uma urna de perfume.

Na agonia de tantos pesadelos
Uma dor bruta puxa-me os cabelos.
Desperto. É tão vazia a minha vida!
No pensamento desconexo e falho
Trago as cartas confusas de um baralho
E um pedaço de cera derretida!

Dorme a casa. O céu dorme. A árvore dorme
Eu, somente eu, com a minha dor enorme
Os olhos ensanguento na vigília!
E observo, enquanto o horror me corta a fala,
O aspecto sepulcral da austera sala
E a impassibilidade da mobília.

Meu coração, como um cristal, se quebre;
O termômetro negue minha febre,
Torne-se gelo o sangue que me abrasa,
E eu me converta na cegonha triste
Que das ruínas duma casa assiste
Ao desmoronamento de outra casa!

Ao terminar este sentido poema
Onde vazei a minha dor suprema
Tenho os olhos em lágrimas imersos...
Rola-me na cabeça o cérebro oco.
Por ventura, meu Deus, estarei louco?!
Daqui por diante não farei mais versos.

ETERNA MÁGOA

O homem por sobre quem caiu a praga
Da tristeza do Mundo, o homem que é triste
Para todos os séculos existe
E nunca mais o seu pesar se apaga!

Não crê em nada, pois, nada há que traga
Consolo à Mágoa, a que só ele assiste.
Quer resistir, e quanto mais resiste
Mais se lhe aumenta e se lhe afunda a chaga.

Sabe que sofre, mas o que não sabe
É que essa mágoa infinda assim, não cabe
Na sua vida, é que essa mágoa infinda

Transpõe a vida do seu corpo inerme;
E quando esse homem se transforma em verme
É essa mágoa que o acompanha ainda!

QUEIXAS NOTURNAS

Quem foi que viu a minha Dor chorando?!
Saio. Minh'alma sai agoniada.
Andam monstros sombrios pela estrada
E pela estrada, entre estes monstros, ando!

Não trago sobre a túnica fingida
As insígnias medonhas do infeliz
Como os falsos mendigos de Paris
Na atra rua de Santa Margarida.

O quadro de aflições que me consomem
O próprio Pedro Américo não pinta...
Para pintá-lo, era preciso a tinta
Feita de todos os tormentos do homem!

Como um ladrão sentado numa ponte
Espera alguém, armado de arcabuz,
Na ânsia incoercível de roubar a luz,
Estou à espera de que o Sol desponte!

Bati nas pedras dum tormento rude
E a minha mágoa de hoje é tão intensa
Que eu penso que a Alegria é uma doença
E a Tristeza é minha única saúde.

As minhas roupas, quero até rompê-las!
Quero, arrancado das prisões carnais.
Viver na luz dos astros imortais,
Abraçado com todas as estrelas!

A Noite vai crescendo apavorante
E dentro do meu peito, no combate,
A Eternidade esmagadora bate
Numa dilatação exorbitante!

E eu luto contra a universal grandeza
Na mais terrível desesperação
É a luta, é o prélio enorme, é a rebelião
Da criatura contra a natureza!

Para essas lutas uma vida é pouca
Inda mesmo que os músculos se esforcem;
Os pobres braços do mortal se torcem
E o sangue jorra, em coalhos, pela boca.

E muitas vezes a agonia é tanta
Que, rolando dos últimos degraus,
O Hércules treme e vai tombar no caos
De onde seu corpo nunca mais levanta!

É natural que esse Hércules se estorça,
E tombe para sempre nessas lutas,
Estrangulado pelas rodas brutas
Do mecanismo que tiver mais força.

Ah! Por todos os séculos vindouros
Há de travar-se essa batalha vã
Do dia de hoje contra o de amanhã,
Igual à luta dos cristãos e mouros!

Sobre histórias de amor o interrogar-me
É vão, é inútil, é improfícuo, em suma;
Não sou capaz de amar mulher alguma
Nem há mulher talvez capaz de amar-me.

O amor tem favos e tem caldos quentes
E ao mesmo tempo que faz bem, faz mal;
O coração do Poeta é um hospital
Onde morreram todos os doentes.

Hoje é amargo tudo quanto eu gosto;
A bênção matutina que recebo...
E é tudo: o pão que como, a água que bebo,
O velho tamarindo a que me encosto!

Vou enterrar agora a harpa boêmia
Na atra e assombrosa solidão feroz
Onde não cheguem o eco duma voz
E o grito desvairado da blasfêmia!

Que dentro de minh'alma americana
Não mais palpite o coração — esta arca,
Este relógio trágico que marca
Todos os atos da tragédia humana!

Seja esta minha queixa derradeira
Cantada sobre o túmulo de Orfeu;
Seja este, enfim, o último canto meu
Por esta grande noite brasileira!

Melancolia! Estende-me a tu'asa!
És a árvore em que devo reclinar-me...
Se algum dia o Prazer vier procurar-me
Dize a este monstro que eu fugi de casa!

INSÔNIA

Noite. Da Mágoa o espírito noctâmbulo
Passou de certo por aqui chorando!
Assim, em mágoa, eu também vou passando
Sonâmbulo... sonâmbulo... sonâmbulo...

Que voz é esta que a gemer concentro
No meu ouvido e que do meu ouvido
Como um bemol e como um sustenido
Rola impetuosa por meu peito adentro?!

— Por que é que este gemido me acompanha?!
Mas dos meus olhos no sombrio palco
Súbito surge como um catafalco
Uma cidade ou mapa-múndi estranha.

A dispersão dos sonhos vagos reúno.
Desta cidade pelas ruas erra
A procissão dos Mártires da Terra
Desde os Cristãos até Giordano Bruno!

Vejo diante de mim Santa Francisca
Que com o cilício as tentações suplanta,
E invejo o sofrimento desta Santa,
Em cujo olhar o Vício não faísca!

Se eu pudesse ser puro! Se eu pudesse,
Depois de embebedado deste vinho.
Sair da vida puro como o arminho
Que os cabelos dos velhos embranquece!

Por que cumpri o universal ditame?!
Pois se eu sabia onde morava o Vício,
Por que não evitei o precipício
Estrangulando minha came infame?!

Até que dia o intoxicado aroma
Das paixões torpes sorverei contente?
E os dias correrão eternamente? !
E eu nunca sairei desta Sodoma?!

À proporção que a minha insônia aumenta
Hieróglifos e esfinges interrogo...
Mas, triunfalmente, nos céus altos, logo
Toda a alvorada esplêndida se ostenta.

Vagueio pela Noite decaída...
No espaço a luz de Aldebarã e de Árgus
Vai projetando sobre os campos largos
O derradeiro fósforo da Vida.

O Sol, equilibrando-se na esfera,
Restitui-me a pureza da hematose
E então uma interior metamorfose
Nas minhas arcas cerebrais se opera.

O odor da margarida e da begônia
Subitamente me penetra o olfato...
Aqui, neste silêncio e neste mato,
Respira com vontade a alma campônia!

Grita a satisfação na alma dos bichos.
Incensa o ambiente o fumo dos cachimbos.
As árvores, as flores, os corimbos,
Recordam santos nos seus próprios nichos.

Com o olhar a verde periferia abarco.
Estou alegre. Agora, por exemplo,
Cercado destas árvores, contemplo
As maravilhas reais do meu Pau d'Arco!

Cedo virá, porém, o funerário,
Atro dragão da escura noite, hedionda,
Em que o Tédio, batendo na alma, estronda
Como um grande trovão extraordinário.

Outra vez serei pábulo do susto
E terei outra vez de, em mágoa imerso,
Sacrificar-me por amor do Verso
No meu eterno leito de Procusto!

BARCAROLA

Cantam nautas, choram flautas
Pelo mar e pelo mar
Uma sereia a cantar
Vela o Destino dos nautas.

Espelham-se os esplendores
Do céu, em reflexos, nas
Águas, fingindo cristais
Das mais deslumbrantes cores.

Em fulvos filões doirados
Cai a luz dos astros por
Sobre o marítimo horror
Como globos estrelados.

Lá onde as rochas se assentam
Fulguram como outros sóis
Os flamivomos faróis
Que os navegantes orientam.

Vai uma onda, vem outra onda
E nesse eterno vaivém
Coitadas! não acham quem,
Quem as esconda, as esconda...

Alegoria tristonha
Do que pelo Mundo vai!
Se um sonha e se ergue, outro cai;
Se um cai, outro se ergue e sonha.

Mas desgraçado do pobre
Que em meio da Vida cai!
Esse não volta, esse vai
Para o túmulo que o cobre.

Vagueia um poeta num barco.
O Céu, de cima, a luzir
Como um diamante de Ofir
Imita a curva de um arco.

A Lua globo de louça —
Surgiu, em lúcido véu.
Cantam! Os astros do Céu
Ouçam e a Lua Cheia ouça!

Ouça do alto a Lua Cheia
Que a sereia vai falar...
Haja silêncio no mar
Para se ouvir a sereia.

Que é que ela diz?! Será uma
História de amor feliz?
Não! O que a sereia diz
Não é história nenhuma.

É como um *requiem* profundo
De tristíssimos bemóis...
Sua voz é igual à voz
Das dores todas do mundo.

"Fecha-te nesse medonho
"Reduto de Maldição,
"Viageiro da Extrema-Unção,
"Sonhador do último sonho!

"Numa redoma ilusória
"Cercou-te a glória falaz,
"Mas nunca mais, nunca mais
"Há de cercar-te essa glória!

"Nunca mais! Sê, porém, forte.
"O poeta é como Jesus!
"Abraça-te à tua Cruz
"E morre, poeta da Morte!"

— E disse e porque isto disse
O luar no Céu se apagou.
Súbito o barco tombou
Sem que o poeta o pressentisse!

Vista de luto o Universo
E Deus se enlute no Céu!
Mais um poeta que morreu,
Mais um coveiro do Verso!

Cantam nautas, choram flautas
Pelo mar e pelo mar
Uma sereia a cantar
Vela o Destino dos nautas!

TRISTEZAS DE UM QUARTO MINGUANTE

Quarto Minguante! E, embora a o aclare,
Este *Engenho Pau d'Arco* é muito triste...
Nos engenhos da *várzea* não existe
Talvez um outro que se lhe equipare!

Do observatório em que eu estou situado
A lua magra, quando a noite cresce,
Vista, através do vidro azul, parece
Um paralelepípedo quebrado!

O sono esmaga o encéfalo do povo.
Tenho 300 quilos no epigastro...
Dói-me a cabeça. Agora a cara do astro
Lembra a metade de uma casca de ovo.

Diabo! Não ser mais tempo de milagre!
Para que esta opressão desapareça
Vou amarrar um pano na cabeça,
Molhar a minha fronte com vinagre.

Aumentam-se-me então os grandes medos.
O hemisfério lunar se ergue e abaixa
Num desenvolvimento de borracha,
Variando à ação mecânica dos dedos!

Vai-me crescendo a aberração do sonho.
Morde-me os nervos o desejo doudo
De dissolver-me, de enterrar-me todo
Naquele semicírculo medonho!

Mas tudo isto é ilusão de minha parte!
Quem sabe se não é porque não saio
Desde que, 6ª-feira, 3 de maio,
Eu escrevi os meus Gemidos de Arte?!

A lâmpada a estirar línguas vermelhas
Lambe o ar. No bruto horror que me arrebata,
Como um degenerado psicopata
Eis-me a contar o número das telhas!

— Uma, duas, três, quatro... E aos tombos, tonta
Sinto a cabeça e a conta perco; e, em suma,
A conta recomeço, em ânsias: — Uma...
Mas novamente eis-me a perder a conta!

Sucede a uma tontura outra tontura.
— Estarei morto?! E a esta pergunta estranha
Responde a Vida — aquela grande aranha
Que anda tecendo a minha desventura! —

A luz do quarto diminuindo o brilho
Segue todas as fases de um eclipse...
Começo a ver coisas de Apocalipse
No triângulo escaleno do ladrilho!

Deito-me enfim. Ponho o chapéu num gancho.
Cinco lençóis balançam numa corda,
Mas aquilo mortalhas me recorda,
E o amontoamento dos lençóis desmancho.

Vêm-me à imaginação sonhos dementes.
Acho-me, por exemplo, numa festa...
Tomba uma torre sobre a minha testa,
Caem-me de uma só vez todos os dentes!

Então dois ossos roídos me assombraram...
— "Por ventura haverá quem queira roer-nos?!
Os vermes já não querem mais comer-nos
E os formigueiros já nos desprezaram".

Figuras espectrais de bocas tronchas
Tornam-me o pesadelo duradouro...
Choro e quero beber a água do choro
Com as mãos dispostas à feição de conchas.

Tal uma planta aquática submersa,
Antegozando as últimas delícias
Mergulho as mãos — vis raízes adventícias —
No algodão quente de um tapete persa.

Por muito tempo rolo no tapete,
Súbito me ergo. A lua é morta. Um frio
Cai sobre o meu estômago vazio
Como se fosse um copo de sorvete!

A alta frialdade me insensibiliza;
O suor me ensopa. Meu tormento é infindo...
Minhafamília ainda está dormindo
E eu não posso pedir outra camisa!

Abro a janela. Elevam-se fumaças
Do engenho enorme. A luz fulge abundante
E em vez do sepulcral Quarto Minguante
Vi que era o sol batendo nas vidraças.

Pelos respiratórios tênues tubos
Dos poros vegetais, no ato da entrega
Do mato verde, a terra resfolega
Estrumada, feliz, cheia de adubos.

Côncavo, o céu, radiante e estriado, observa
A universal criação. Broncos e feios,
Vários reptis cortam os campos, cheios
Dos tenros tinhorões e da úmida erva.

Babujada por baixos beiços brutos,
No húmus feraz, hierática, se ostenta
A monarquia da árvore opulenta
Que dá aos homens o óbolo dos frutos.

De mim diverso, rígido e de rastos
Com a solidez do tegumento sujo
Sulca, em diâmetro, o solo um caramujo
Naturalmente pelos mata-pastos.

Entretanto, passei o dia inquieto,
A ouvir, nestes bucólicos retiros
Toda a salva fatal de 21 tiros
Que festejou os funerais de Hamleto!

Ah! Minha ruína é pior do que a de Tebas!
Quisera ser, numa última cobiça,
A fatia esponjosa de carniça
Que os corvos comem sobre as jurubebas!

Porque, longe do pão com que me nutres
Nesta hora, oh! Vida em que a sofrer me exortas
Eu estaria como as bestas mortas
Pendurado no bico dos abutres!

MISTÉRIOS DE UM FÓSFORO

Pego de um fósforo. Olho-o. Olho-o ainda. Risco-o
Depois. E o que depois fica e depois
Resta é um ou, por outra, é mais de um, são dois
Túmulos dentro de um carvão promíscuo.

Dois são, porque um, certo, é do sonho assíduo
Que a individual psique humana tece e
O outro é o do sonho altruístico da espécie
Que é o *substractum* dos sonhos do indivíduo!

E exclamo, ébrio, a esvaziar báquicos odres:
— "Cinza, síntese má da podridão,
"Miniatura alegórica do chão,
"Onde os ventres maternos ficam podres;

"Na tua clandestina e erma alma vasta,
"Onde nenhuma lâmpada se acende,
"Meu raciocínio sôfrego surpreende
"Todas as formas da matéria gasta!"

Raciocinar! Aziaga contingência!
Ser quadrúpede! Andar de quatro pés
É mais do que ser Cristo e ser Moisés
Porque é ser animal sem ter consciência!

Bêbedo, os beiços na ânfora ínfima, harto,
Mergulho, e na ínfima ânfora, harto, sinto
O amargor específico do absinto
E o cheiro animalíssimo do parto!

E afogo mentalmente os olhos fundos
Na amorfia da cítula inicial,
De onde, por epigênese geral,
Todos os organismos são oriundos.

Presto, irrupto, através ovoide e hialino
Vidro, aparece, amorfo e lúrido, ante
Minha massa encefálica minguante
Todo o gênero humano intrauterino!

É o caos da avita víscera avarenta
— Mucosa nojentíssima de pus,
A nutrir diariamente os fetos nus
Pelas vilosidades da placenta! —

Certo, o arquitetural e íntegro aspecto
Do mundo o mesmo inda e, que, ora, o que nele
Morre, sou eu, sois vós, é todo aquele
Que vem de um ventre inchado, ínfimo e infecto!

É a flor dos genealógicos abismos
— Zooplasma pequeníssimo e plebeu,
De onde o desprotegido homem nasceu
Para a fatalidade dos tropismos. —

Depois, é o céu abscôndito do Nada,
É este ato extraordinário de morrer
Que há de na última hebdômada, atender
Ao pedido da célula cansada!

Um dia restará, na terra instável,
De minha antropocêntrica matéria
Numa côncava xícara funérea
Uma colher de cinza miserável!

Abro na treva os olhos quase cegos.
Que mão sinistra e desgraçada encheu
Os olhos tristes que meu Pai me deu
De alfinetes, de agulhas e de pregos?!

Pesam sobre o meu corpo oitenta arráteis!
Dentro um dínamo déspota, sozinho,
Sob a morfologia de um moinho,
Move todos os meus nervos vibráteis.

Então, do meu espírito, em segredo,
Se escapa, dentre as tênebras, muito alto,
Na síntese acrobática de um salto,
O espectro angulosíssimo do Medo!

Em cismas filosóficas me perco
E vejo, como nunca outro homem viu,
Na anfigonia que me produziu
Nonilhões de moléculas de esterco.

Vida, mônada vil, cósmico zero,
Migalha de albumina semifluida,
Que fez a boca mística do druida
E a língua revoltada de Lutero;

Teus gineceus prolíficos envolvem
Cinza fetal!... Basta um fósforo só
Para mostrar a incógnita de pó,
Em que todos os seres se resolvem!

Ah! Maldito o conúbio incestuoso
Dessas afinidades eletivas,
De onde quimicamente tu derivas,
Na aclamação simbiótica do gozo!

O enterro de minha última neurona
Desfila... E eis-me outro fósforo a riscar.
E esse acidente químico vulgar
Extraordinariamente me impressiona!

Mas minha crise artrítica não tarda.
Adeus! Que eu vejo enfim, com a alma vencida,
Na abjeção embriológica da vida
O futuro de cinza que me aguarda!

FIM DO "EU"

OUTRAS POESIAS

Notas Bibliográficas*

Francisco de Assis Barbosa

Augusto de Carvalho Rodrigues dos Anjos nasceu em 20 de abril de 1884, num engenho de açúcar da Paraíba do Norte, no instante em que o abolicionismo começou a crescer, com a presença atuante de Joaquim Nabuco e Rui Barbosa na tribuna parlamentar, de José do Patrocínio na imprensa e nos comícios populares, de Saldanha Marinho no foro, de André Rebouças à frente da Confederação Abolicionista, ondas que levariam num arrastão o barco monárquico, que não tardaria a ir a pique. Meses depois do nascimento do poeta, apresentar-se-á à Câmara dos Deputados o Gabinete a que preside o Conselheiro Dantas, anunciando o seu programa emancipacionista, não sem declarar, que, nessa matéria, estava o governo disposto a "nem retroceder, nem parar, nem precipitar". Mas a prometida Lei dos Sexagenários – projeto elaborado por Rui Barbosa e do qual seria o relator – só virá mesmo no ano seguinte, após derrubar dois ministérios liberais, com a ascensão dos conservadores, sob o comando do astuto Cotegipe. Estavam livres os escravos maiores de 65 anos, não de 60, fórmula já aceita por Saraiva, pouco antes, em nome do Partido Liberal, vencida a formidável resistência da classe proprietária, a mesma classe a que estava vinculada a família do poeta.

Nascido e criado sob o regime rural do patriarcalismo, alimentado com leite de escrava, Augusto dos Anjos descende pelo lado materno de antigos senhores de terras, os Fernandes de Carvalho, proprietários de engenhos na Várzea da Paraíba, à margem do Rio Una, um dos afluentes do rio maior. O Senhorio territorial era assim como os rios. Ia crescendo com os afluentes das uniões consanguíneas. Seguindo a regra geral, João Antônio Fernandes de Carvalho casara-se com uma prima e vizinha, Juliana, mas esta, tendo enviuvado, decidiu romper a tradição, ao contrair novas núpcias fora da família. Escolheu para seu marido o juiz municipal de Pedras de Fogo, lugarejo ao sul da província, na divisa com Pernambuco. Nem era parente, nem paraibano. Nascera no Recife, tinha 35 anos, estava inteiramente desligado dos problemas agrícolas, chamava-se Aprígio Carlos Pessoa de Melo. Na família ficaria conhecido apenas por Doutor, como a distinguir o intruso que penetra na tribo e que só

* Reproduzida da 31ª edição, a 3ª da Livraria São José – Rio de Janeiro, 1971.

possuía o diploma de bacharel. Conta a tradição oral que, uma vez terminado o inventário de João Antônio, aparecera o Doutor Aprígio pedira a mão da filha da senhora de engenho — Sinhá Mocinha. "Não Senhor! — teria sido a resposta de Dona Juliana —. Case-se o Senhor comigo, que estou ainda moça, e case a minha filha com o seu sobrinho, Doutor Alexandre".

Não terá sido inteiramente exata essa versão dos casamentos quase simultâneos - com a diferença de apenas três anos - do Doutor Aprígio com Dona Juliana e do Doutor Alexandre com Sinhá Mocinha, versão colhida pelo grande memorialista da várzea paraibana, que foi José Lins do Rego, que certamente a transfigurou com o seu gênio de romancista. Em primeiro lugar, o Doutor Alexandre não era sobrinho, mas primo do Doutor Aprígio. Por ocasião do casamento deste (1872), apenas concluía o curso na Faculdade de Direito do Recife. Talvez nem tivesse sido ainda designado promotor em Pedras de logo. E só viria a casar-se com a filha de Dona Juliana após a morte da sogra (1875).

O Doutor Aprígio enviuvou logo, antes de completar um ano de casado, passando a gerir sozinho as propriedades e a cuidar dos filhos de Dona Juliana Ludjero Fernandes de Carvalho, aliás, Dona Juliana Ludjero Pessoa de Melo. Eram quatro rapazes e uma moça, Sinhá Mocinha, alcunha bem mais simpática que o seu nome de batismo, Córdula, a penúltima da prole. Esta é que é a verdade, sem nenhum exagero sendo igualmente verdade - daí a maledicência contida na tradição oral que o antigo juiz de Pedras de Fogo, subitamente transformado em senhor de engenho, sempre viveu às turras com os parentes da família da finada esposa, parentes que eram também seus vizinhos, e que o acusavam não só de invadir as suas terras, como de haver dilapidado a fortuna amealhada por João Antônio Fernandes de Carvalho, brigas de família que encheram as colunas das "solicitadas" dos jornais da Paraíba, prolongando-se até as vésperas da morte do Doutor Aprígio, em 1908.

O juiz era homem de luta. Na campanha abolicionista, apoiou a dissidência liberal, escravista, então aliada aos conservadores, por entender inoportuna a emancipação, classificando-a mesmo de "atentado à propriedade", repetindo a ladainha reacionária. Seguia neste particular a Sousa Carvalho, o político pernambucano autor do voto em separado contra o parecer de Rui Barbosa, em 1884, e para quem a aprovação do projeto do Gabinete Dantas, significava nada mais nada menos que "o suplício da constituição, uma falta de consciência e de escrúpulo, um verdadeiro roubo, a naturalização do comunismo, a ruína geral, a situação do Egito, a bancarrota do Estado, o suicídio da nação". Outra não seria a linguagem, apenas menos brilhante, do Doutor Aprígio, no testemunho que deixou, ao rememorar mais tarde a posição que havia assumido e de que tanto se orgulhava. Declarou então que jamais pudera sentir entusiasmo pelo movimento abolicionista, especialmente pela Lei Áurea, porque sabia "o país sem preparo, sem meios de utilizar uma raça ignorante e pela sua infelicidade eivada de princípios perniciosos".

Além disso, permaneceria sempre fiel aos princípios monárquicos, atribuindo à queda do Império todos os malefícios políticos ou econômicos que se lhe seguiram. Proclamada a República, aceitou por isso mesmo nova aliança com os antigos conservadores, tradicionais adversários seus na política da Paraíba, onde sempre militara no Partido Liberal, concordando com que o seu nome figurasse na chapa de candidatos a deputados do Partido Católico - na verdade, Partido Monárquico -, que disputou as eleições para a Constituinte de 1890-91, contra a chapa oficial do Partido Republicano, organizada pelo Governador Venâncio Neiva e seu jovem secretário, Epitácio Pessoa.

Ao contrário do primo e protetor, o Doutor Alexandre Rodrigues dos Anjos possuía ideias abolicionistas e republicanas. Pelo menos, foi a fama que deixou, como a de ter vasta erudição, versado que era em letras clássicas, além de atualizado com a cultura do seu tempo, leitor de Spencer e até de Marx, que citou num artigo "Considerações sobre o salário", por sinal antimarxista, estampado no Almanaque do Estado da Paraíba. Fora contemporâneo de Tobias Barreto, na Faculdade de Direito do Recife. Não sendo um ímpio, estava longe da carolice do Doutor Aprígio, sempre de rosário em punho, a puxar o terço ou a ensinar o catecismo, primeiro aos enteados, depois aos netos afins. Bem diferentes seriam os dois, em mentalidade e temperamento. O Doutor Aprígio sôfrego, arrebatado, jamais se desprenderia do ultramontanismo das velhas sebentas acadêmicas, e que tanto havia chocado a um espírito liberto como o de André Rebouças, quando esteve no Recife em época pouco posterior à formatura do padrasto da mãe de Augusto dos Anjos: os estudantes, todos irmãos de Nossa Senhora do Bom Conselho, a desfilar tristes pelas ruas, nas procissões, "vestidos de casaca preta, com opa e trazendo pendentes no pescoço uma medalha com as armas da Escola, presa a uma fita vermelha". Isto em 1864.

No ano da formatura do Doutor Alexandre, 1872, os estudantes já eram mais arejados. O irmão mais velho de Alexandre, por exemplo, Adolfo Generino Rodrigues dos Santos (adotara o apelido Santos, em homenagem à família brasileira de sua avó paterna), ou melhor, Generino dos Santos, simplesmente, como ficaria conhecido, afirmava-se desde então maçom, abolicionista e republicano. Mais precisamente: republicano ditatorialista, adepto de Augusto Comte por toda a vida, filiando-se depois à Igreja e Apostolado Positivista do Brasil. Mas o Doutor Alexandre nada tinha de sectário. Viveu sempre no seu Engenho Pau-d'Arco, completamente afastado da política e das discussões sobre Religião e Filosofia, tão em moda no Brasil, sobretudo no Recife, no Rio de Janeiro ou em São Paulo, no último quartel do século XIX e nos anos que antecederam a Primeira Guerra Mundial. Misantropo, hipocondríaco, aplicaria, contudo, o seu cabedal de conhecimentos, que não devia ser mesquinho como preceptor dos filhos, desde as primeiras letras aos exames preparatórios e até mesmo ao ensino de Direito. Com exceção talvez de Alexandre, o caçula, todos os demais receberam lições de Humanidades do pai: Artur (formado em 1901), Odilon (1906), Augusto (1907), Aprígio (1909), Alfredo (1910). Todos bacharéis, como Alexandre, o Papá, diplomado em 1911, que teve Augusto como preceptor, após a doença paterna, quando o Doutor Alexandre ficou paralítico em consequência de um insulto cerebral.

Absorvido com as suas leituras e com a educação dos filhos, que o tratavam carinhosamente de Ioiô, o Doutor Alexandre não se preocuparia com os negócios da família. Era esta atribuição exclusiva do Doutor Aprígio, ou simplesmente o Doutor, como a marcar a sua autoridade una e indivisível, tal como aparece no soneto *Ricordanza della mia gioventù*. Mandando. Decidindo tudo. Dando o dinheiro, durante três décadas, a partir da Lei do Ventre Livre (1871), que antecedeu de apenas uma ano ao seu casamento, quando o sistema escravocrata perdeu a sua segunda grande batalha (a primeira fora em 1850, com a extinção do tráfico negreiro), o senhor de engenho do Pau d'Arco e Coité enfrentaria sozinho todas as crises decorrentes da luta emancipadora, assistindo ao mesmo tempo à desagregação da monarquia, que entrou em ritmo mais acelerado depois de terminada a Guerra do Paraguai. A questão religiosa (1872-75) e a questão militar (1883-89) são os pontos mais agudos desse processo histórico da diluição gradativa do poder imperial. Sintomas de um mal sem cura, o escravismo, que ia corroendo o organismo nacional, deixando a classe agrícola, latifundiária e monocultura em desespero, impotente que era para conter a impetuosa marcha abolicionista e republicana.

E a agonia do Império se revestirá, por isso mesmo, sobretudo no nordeste, de aspectos dramáticos, quase de tragédia coletiva, mesmo porque a decadência da economia açucareira vinha de longe, acentuando-se o declive, a partir da segunda metade do século passado, com a paulatina transferência da mão-de-obra negra para os cafezais fluminenses e paulistas, no Vale do Paraíba, de outro rio Paraíba, não o do norte mas o do sul. Aspecto dramático teve por exemplo a revolta do quebra-quilos (1875). A princípio insuflada pela classe proprietária, cedo se transformaria num movimento reivindicatório, não de escravos, de brancos desprotegidos, párias sociais, que te levantaram em todo o interior da província, revivendo os tempos da Cabanagem e da Balaiada, reclamando direitos, inclusive o de não serem mais explorados, até hoje não conquistados por foreiros ou meeiros, eiteiros ou cambões.

A Paraíba vivia então, como todo o Brasil, sob um regime feudal que ainda perdura, embora um pouco mais atenuado. Nas vésperas da eclosão da Guerra do Paraguai, quando lá esteve, percorrendo toda a várzea do Paraíba, e chegando até o Pau d'Arco, André Rebouças ficou desolado com o contraste entre a miséria coletiva e a opulência de uns poucos. No Engenho Tabocas - propriedade aliás de um Fernandes de Carvalho —, registrou o engenheiro, no seu *Diário*, "ao lado da miséria geral da agricultura, vê-se com espanto uma Capela inteiramente dourada" acrescentando ser "a mais importante que hei visto em fazenda no Brasil". Miséria dourada! Nem os latifundiários paraibanos se davam conta da necessidade de diversificar quanto antes a agricultura, deixando apodrecer no porto de Cabedelo, é ainda Rebouças quem o diz, as barricas de semente de trigo, destinadas à Serra do Teixeira, mandadas vir ainda ao tempo em que Beaurepaire Rohan presidira à província (1858-59).

Partiria do mesmo Rebouças a ideia da construção de um caminho de ferro, ligando Cabedelo a regiões de produção agrícola, açúcar ou algodão, a várzea e o brejo, ou a pecuária, o sertão, na direção do Ceará. A várzea completaria a ligação com o sul, a caminho de Pernambuco e do Rio São Francisco. Mas o projeto só pôde ser concretizado, e assim mesmo parcialmente, e não como André Rebouças o desejara, muitos anos depois, devido com certeza à Guerra do Paraguai. Aliado aos paraibanos Diogo Velho Cavalcanti de Albuquerque, depois Visconde de Cavalcanti, e Anísio Salatiel Carneiro de Cunha, irmão do futuro Barão de Abiaí, os homens talvez mais abonados da província, Rebouças obtivera a concessão em 1872, mas tivera que transferi-la para mãos estrangeiras, organizando-se em 1875 a The Conde d'Eu Railway Company Limited, com sede em Londres, e que só iniciaria os trabalhos de levantamento da estrada em 1880. O trecho entre Paraíba e Malungu inaugurou-se em setembro de 1883; o ramal do Pilar, partindo da estação chamada de Entroncamento, em dezembro do mesmo ano, poucos meses portanto antes do nascimento de Augusto dos Anjos.

A usina havia chegado quase ao mesmo tempo que o trem de ferro, com a estabelecimento em 1882 da Companhia Engenhos Centrais, de capitais anglo-holandeses. A exportação do açúcar e do algodão ficaria contudo monopolizada praticamente por firma francesa: a Cahn Frères & Cie. É a esta firma a que recorre o Doutor Aprígio Carlos Pessoa de Melo para descontar as notas promissórias contra o Banco Emissor de Pernambuco, quando em 1892 se viu obrigado a hipotecar os dois engenhos de sua propriedade, o Pau-d'Arco e o Coité, que continuavam a ser movidos a água, de acordo com os métodos ronceiros que datavam do tempo da colônia. Com a dupla hipoteca, esperava a Doutor recompor as combalidas finanças domésticas, numa hora em que a cotação do açúcar no mercado internacional parecia tender para a alta. Mas não foi o que se verificou. O preço baixou inesperadamente. E de modo vertical. Ficou então o antigo juiz com as prestações atrasadas no Banco Emissor e sem poder descontar os adiantamentos já recebidos da casa comissária. Não teve outro jeito senão vender um dos engenhos, o Coité. Restava-lhe o Pau d'Arco, assim mesmo em situação precaríssima, já empenhado, produzindo sem cobrir as despesas cada vez mais avultadas.

Chegou assim o novo século como "um vendaval que tudo vai arrebatando" - dirá o Doutor Aprígio Carlos Pessoa de Melo, no fim da vida, amargurado por tantos desgostos. A par da ruína financeira, de que era responsável, caíra doente o primo e amigo, Doutor Alexandre Rodrigues dos Anjos. Ficaria este, o Ioiô, imóvel numa cama, anos inteiros, enquanto as prestações vencidas da hipoteca se iam acumulando no Banco Emissor de Pernambuco. As novas safras de açúcar, ainda que abundantes, valiam muito menos que as anteriores, as do tempo da alta. O mesmo acontecia com relação à aguardente, paga a preço vil. Nada podia fazer a casa comissária, apesar da boa vontade do velho Aaron Cahn, senão reclamar os adiantamentos que fizera, em consideração ao antigo freguês, outrora próspero e sempre pontual nas suas obrigações.

O Pau-d'Arco estava no fim. Extinguia-se com ele o patrimônio da família. Acabava-se a fortuna de João Antônio Fernandes de Carvalho. O Coité já fora entregue aos credores. Igual destino estaria reservado ao Pau-d'Arco. E os Anjos foram perdendo, aos pouquinhos, tudo o que possuíam, sem forças para deter o vendaval que sobre eles desabara. Morre o Doutor Alexandre em 1905. O Doutor Aprígio em 1908. Em 1910, completa-se a alienação do Pau d'Arco, derradeiro bem da família. Este é, em suma, o mundo que Augusto dos Anjos vê desmoronar, desde os primeiros anos da juventude. O choque daí decorrente, com reflexos na sua poesia, há de marcar-lhe a sensibilidade doentia mais intensa e fundamente, e de modo muito mais duradouro, que o de qualquer possível desventura amorosa adolescente.

Os amores do poeta, a sua neurose ou as suas doenças de um modo geral, além do pressentimento da morte próxima, constituem ainda enigmas biográficos mais ou menos nebulosos. Faltam elementos objetivos capazes de restituir a singeleza original um retrato póstumo que tem sido frequentemente deformado. O verdadeiro retrato seria talvez o de um homem simples, sem anormalidades invencíveis, um homem afinal como tantos outros, como a imensa maioria dos homens. Acontece que esse homem comum era um grande poeta, insatisfeito com a sua arte, não importa, mas dela fazendo o eixo da sua existência, e que viveu por isso mesmo perplexo e indefeso diante de problemas e dificuldades materiais. A civilização industrial criou essas anormalidades, que a nossa era atômica tem multiplicado em escala geométrica. Ainda que prevaleçam influências hereditárias, taras familiares quiçá não esclarecidas de todo, é preciso que se diga: Ioiô e Sinhá Mocinha são partes do mesmo mundo em dissolução no qual o filho foi também personagem e, mais do que isso, o demiurgo poético, criando uma supra-realidade, o mito do Pau-d'Arco, que eternizou nos versos de *A Ilha do Cipango*, de *Tristezas de um quarto-minguante*, de *A árvore da serra*. O resto não passa de hipóteses não confirmadas e de meras afirmações gratuitas.

Até 1908, até pois os 24 anos, Augusto dos Anjos viveu no Engenho Pau-d'Arco, de onde se afastava periodicamente para breves estadas na Paraíba ou no Recife. Fez todos os exames preparatórios no Liceu Paraibano, e todo o curso na Faculdade de Direito, no regime que então se denominava "exame vago", facultado aos alunos que não tivessem frequência regular, condicionando-os à arguição de toda a matéria e não apenas do ponto sorteado. Daí a sua ausência quase absoluta, a sua não participação do movimento estudantil em Pernambuco. Não se obrigaria, por isso mesmo, a ter de deixar o Recife, refugiando-se no Ceará, como aconteceu com Oscar Soares, irmão de Órris, por haver apoiado a revolta de Lauro Sodré contra o governo de Rodrigues Alves (1904). Muito menos estaria presente à recepção de Joaquim Nabuco, no Teatro Santa Isabel, a caminho da Terceira Conferência Pan-Americana (1906). Perdeu o espetáculo de Nabuco, cabeça toda branca, a dizer do palco, rompendo o silêncio repleto de estudantes: "Foi aqui que se fez... que nós fizemos a Abolição!" - lembrança que se tornaria inesquecível ao segundanista Gilberto Amado. Não seria visto nem em manifestações a políticos nem a atrizes, como Ângela Pinto ou a Morosine, bela italiana, com quem Órris Soares - "louro, bonito, de fraque claro", como o recorda Gilberto Amado em *Minha formação no Recife* - passeava de braço dado pelas ruas, escandalizando o meio provinciano, embasbacando os colegas. Nem teria coragem para tanto.

Desajeitado, feio e pronto, o poeta evitaria até mesmo as festinhas na casa de Laurindo Leão, pai de Múcio, naquele tempo o mais popular e o mais querido, dentre todos os lentes da Faculdade de Direito. Augusto dos Anjos era o grande ausente. José Américo de Almeida, que foi também seu contemporâneo, fala como de um acontecimento extraordinário a passagem do poeta pela pensão de Dona Marocas, em visita a Santos Neto, talvez o seu amigo mais achegado nessa fase, e, como Augusto, aluno da quinta série jurídica.

No entanto, não era um desconhecido. As primeiras poesias, aparecidas n"*O Comércio*, da Paraíba, jornal dirigido por Artur Aquiles, pai de Santos Neto, despertaram interesse entre colegas da Faculdade. Gilberto Amado, por exemplo, que mantinha com o pseudônimo de Áureo uma seção diária "Golpes de vista", no *Diário de Pernambuco*, referiu-se ao quintanista esquivo, a propósito do sarampo literário que grassava na juventude acadêmica. De todos talvez fosse ele o único poeta de merecimento, acima da mediocridade dos que frequentavam a "caixa" d'*O Malho*. Um poeta novo e diferente — e, coisa extraordinária!, que já possuía imitadores. "A maioria (dos jovens) — sentenciava Áureo na sua coluna — atira-se a fazer versos pelo simples motivo de que no Brasil é costume tradicional dos vinte aos vinte e cinco anos ser poeta. E então, curiosamente, é de notar-se a existência de simbolistas, decadentes, satânicos, desvairados (os que se julgam de mais talento), líricos, meigos e suaves, parnasianos, másculos e marmóreos. Começa também um movimento de imitação a um rapaz histérico mas de extraordinário talento que vive isolado, misantropo, no interior da Paraíba, Augusto dos Anjos"*.

Histérico, neurastênico, desequilibrado, a esse tipo de julgamento terá que se acostumar o poeta. Na Paraíba, foi chamado "Doutor Tristeza". E um professor de primeiras letras, enfurecido com os temas que considerou antipoéticos dos versos publicados n'*O Comércio,* deu-se ao trabalho de mandar imprimir e fazer distribuir pelas ruas da Paraíba uma "carta aberta", cheia de impropérios, atacando rudemente o "Poeta Raquítico". Cesário Verde teve pela frente um Ramalho Ortigão, que não entendeu, a princípio, a violência da sua mensagem. Augusto dos Anjos, um cidadão de quem não se guarda sequer o nome. Mas a resposta em versos alexandrinos a essa "carta aberta" há de ficar. E merece ser lembrada:

Bilhete Postal

Ilustre professor da Carta Aberta: — Almejo
Que uma alimentação a fiambre, a vinho e a queijo

* *Diário de Pernambuco*, 19 de junho de 1907. Em *Minha formação no Recife*, edição da Livraria José Olympio Editora, 1955, omitiu-se o segundo período da citação acima na página 195. A data da crônica de Áureo está errada, 19 de julho, não de junho, quando efetivamente foi publicada.

Lhe fortaleça o corpo e assim lhe fortaleça
As mãos, os pés, a perna *et coetera* e a cabeça.
Continue a comer como um monstro no almoço
Inche como um balão, cresça como um colosso
E vá crescendo e vá crescendo e vá crescendo,
E fique do tamanho extraordinário e horrendo
Do célebre Titão e do Hércules lendário;
O seu ventre se torne um ventre extraordinário,
Cheio do cheiro ruim de fétidos resíduos,
As barrigas então de cinquenta indivíduos
Não poderão caber na sua ampla barriga;
Não mais lhe pesará a desgraça inimiga
O seu nome também não será mais Antônio.
Todos hão de chamá-lo o colosso, o demônio.
A maravilha das brilhantes maravilhas.
As hienas carniçais, as leoas e as novinhas,
Diante do seu vigor recuarão, e diante
Do estribado metal de sua voz atroante
Decerto correrão mansas e espavoridas.
Se as minhas orações forem, pois, atendidas.
O senhor há de ser o Teseu do universo.
Seja um gigante, pois; não faça porém, verso
De qualidade alguma e nem também me faça
Artigos tresandando a bolor e a cachaça,
Ricos de incorreções e de erros de gramática,
Tenha vergonha, esconda essa tendência asnática,
Que somente possui o seu cérebro obtuso —
Esconda-a, e nunca mais se exponha a fazer uso
Da pena, e nunca mais desenterre alfarrábios.
Os tolos, em geral, são tidos como sábios,
Que sabem calar-se e reprimir-se sabem,
O senhor é papalvo e os papalvos não cabem
No centro literário e no centro político.
Respeite-me, portanto!

O Poeta Raquítico.

O Comércio havia iniciado a publicação dos poemas em 1901, quando o filho do Doutor Alexandre Rodrigues dos Anjos terminava os exames preparatórios no Liceu. O adolescente impressiona pela magreza e aspecto doentio, descritos por Órris Soares e José Américo de Almeida. É deste o retrato traçado por mão de mestre, o mais interessante, senão o mais fiel: "mais alto do que baixo, franzino e recurvo, tez encerada de moreno pálido, a fronte alongada e uns grandes olhos sem mobilidade. As mãos eram afiladas e moles, mãos de tímido.(...) Usava um bigode mínimo, como um debrum. O andar era inseguro com os ombros lançados para a frente e o peito mais reentrante do que o seu natural. Um passo leve, tateante, como se marchasse na ponta dos pés". Evidentemente, o poeta não se impunha pelo físico. Muito menos pela comunicabilidade. Homem de poucos amigos, enrustido, abrindo-se só com os íntimos, e com estes afável e prestativo, sua personalidade, contudo forte, como que se apagava diante de estranhos. Emudecia. E, quando falava, não exercia aquele fascínio peculiar aos grandes conversadores. Não tinha gosto nem interesse em agradar as pessoas só por agradar ou pelo prazer de brilhar. Ríspido algumas vezes, distante, vago, suas qualidades eram mais negativas que positivas para abrir os caminhos da vida, inflexivelmente vedados aos tímidos.

Daí as dificuldades que não soube remover, desde o início, incapaz de encontrar compensações ao mundo desmoronado do Pau-d'Arco, a não ser na sua poesia. Era como se penetrasse num labirinto cada vez mais escuro, perdido que fora o fio de Ariadne que nunca pôde recuperar. Já formado em Direito, em 1908, Augusto dos Anjos, não vê outro meio de ganhar a vida que o do ensino particular. Elege a profissão de professor, não a de advogado. Ensina primeiras letras, prepara estudantes para o Liceu ou para a Faculdade. E, com o resultado desse trabalho, começa a contribuir para o orçamento doméstico, remetendo à mãe de uma só vez "a quantia de 120$000, a qual fará parte das nossas economias" (junho). É ele quem cuida da transferência da família do engenho para a cidade. Para a Rua Direita, 103 — endereço do primeiro verso da *Noite de um visionário* —, a mesma em que vem a falecer o Doutor Aprígio (outubro), depois do noivado do poeta (setembro).

Sinhá Mocinha teria relutado em dar assentimento ao desejo do filho. Nada de casar cedo. Tinha que encarreirar-se como professor primeiro, não um simples mestre-escola, mas lente da Faculdade de Direito do Recife, como o seu parente Adolfo Cirne. Rapazes da mesma idade, o paraibano Odilon Nestor e o sergipano Aníbal Freire, defenderam tese e passaram logo a reger suas cadeiras apenas tinham recebido o canudo de bacharel. Sinhá Mocinha era assim dominadora. E exerceu sobre o filho forte influência. Se Augusto dos Anjos começou a escrever a sua tese de concursos, coisa bem provável, não pudemos apurar. O que é certo, certíssimo, é que o ganha-pão do poeta, a partir de 1908, viria do magistério particular e, a partir de 1909, também do magistério oficial, quando de sua nomeação para a cadeira de Literatura do Liceu Paraibano.

Inaugurava-se então na Paraíba um novo período governamental, com a ascensão de outubro de 1908 à presidência do Estado do Doutor João Lopes Machado, irmão do Senador Álvaro Machado, o chefe oligarca, antigo professor militar, guindado à política desde o advento de Floriano Peixoto. Álvaro Machado, que Augusto dos Anjos numa carta a Sinhá Mocinha chama "Mr. le Sénateur Alvarô"— fazia e desfazia deputados, elegia senadores e presidentes do Estado. Na disputa entre um senador, Apolônio Zenaide, e um deputado, Coelho Lisboa, que se julgavam com iguais direitos ao governo da Paraíba, decidira o impasse apresentando como *tertius* o irmão, médico da Diretoria Geral de Saúde Pública, que exercia até então obscuramente as funções de inspetor sanitário no interior de São Paulo. Conseguira assim congregar quase todas as correntes que antes o hostilizavam, mas desagradou alguns amigos. Coelho Lisboa fora excluído da chapa oficial. Outro descontente, o antigo deputado federal Lima Filho, montou-se n'*O Estado da Paraíba*, a deblaterar inutilmente contra os oligarcas. Todos os mais aderiram. Até Artur Aquiles, que sempre formara na oposição. Sem falar nos elementos mais jovens, como os irmãos Oscar e Órris Soares, antes rebeldes, que tiveram a redação do jornal *O Combate* depredada e incendiada pela polícia, em 1904, juntamente com a redação e as oficinas d'*O Comércio*. Os dois, agora, apoiavam a situação. Fundaram um novo jornal. *O Norte*, ao lado do tio Camilo de Holanda, que se recompusera com o "alvarismo", retornando assim à Câmara dos Deputados, da qual tinha sido alijado poucos anos antes.

Augusto dos Anjos teria como prêmio ao apoio da sua família à oligarquia dominante a nomeação para a cadeira de Literatura do Liceu Paraibano, em caráter interino, na vaga aberta com a eleição para deputado federal do titular efetivo, Manuel Tavares Cavalcanti. Com o irmão mais velho, Artur, como promotor público, e o mais moço, Aprígio, como redator d'*A União*, órgão oficial do governo, pesou também, é claro, o seu próprio prestígio, como intelectual, junto ao novo presidente, de quem se tornaria amigo. João Machado era do Brejo da Areia, terra do já falecido Doutor Agnelo Cândido Lins Fialho, pai da noiva e com esta o poeta se casaria logo após a sua nomeação. Sendo além do mais professor de um filho do Presidente, nada mais natural que as relações se estreitassem até a intimidade palaciana. A portaria de nomeação é de 5 de maio. E João Machado, dando mais uma demonstração da sua estima, convida o novo professor do Liceu para ser o orador oficial da solenidade promovida pelo governo estadual, comemorativa da data da Abolição, logo em seguida no Teatro Santa Rosa. Discurso que o poeta terminou com um "Viva o Presidente João Lopes Machado".

Procurava Augusto dos Anjos adaptar-se àquele estilo de vida, perfeitamente integrado no regime oligárquico, obediente a todas as suas regras. Faria concessões, para sobreviver. Não formaria, sem dúvida, entre os insubmissos aos ditames da politiquice estadual e nacional, votando, por exemplo, em Rui Barbosa no pleito de 1° de março de 1910. Na Paraíba, apenas 322 eleitores sufragaram o nome do candidato civilista, contra 7.921 votos dados ao Marechal Hermes da Fonseca, conforme o resultado da eleição publicado n'*A União*, em 24 de agosto de 1910. Mas as suas perspectivas seriam sempre reduzidas na Paraíba, quer como professor do Liceu, quer como diretor do Instituto Maciel Pinheiro. Não se limitariam as suas ambições às aulas do Liceu ou à reforma do Instituto, cuja direção assumira em 1909, juntamente com Abel da Silva, com o propósito de ampliá-lo de externato de primeiras letras para semi-internato e internato, recebendo alunos de ambos os sexos. Tudo isso pouco representaria para ele. Era natural que pensasse em emigrar para a Capital Federal, sonho e aventura de todo intelectual nordestino. Santos Neto não tardaria a tomar esse rumo, demitindo-se do lugar de oficial de gabinete do Presidente do Estado. Órris Soares, que tinha recursos, viajaria para a Europa. Augusto havia ficado, a marcar passo, preso a um lugar instável, mas que lhe garantia a subsistência material, tolhido à responsabilidade que assumira com o casamento.

Foi, talvez, por contar demasiado com a amizade do Presidente do Estado que se deu o conflito com João Lopes Machado, ante a impaciência de Augusto dos Anjos, obsedado pela ideia de deixar a Paraíba e vir para o Rio de Janeiro. O incidente culminou no bate-boca, no qual o Presidente lhe teria dito: — "Ora, Dos Anjos, não insista, não me amole mais" (segundo Dona Irene Fialho, cunhada do poeta) ou — "Sabe de uma cousa, Seu Augusto, não me amole mais" (na versão de Humberto Nóbrega). De qualquer maneira, a brutalidade da negativa penetraria no fundo dos ouvidos do poeta, ficando ali a ressoar pelo resto da vida. Por mais não seria lembrado o Presidente João Lopes

Machado, figura menor na política, logo caído no ostracismo e perdido no esquecimento dos contemporâneos.

Ao poeta parecera tão simples e natural o que pleiteava: o afastamento do cargo de professor do Liceu, com todas as garantias, de modo a possibilitar-lhe a viagem ao Rio de Janeiro, onde cuidaria da publicação do seu livro de poesias. Caso conseguisse um emprego público, uma cadeira permanente na congregação do Colégio Pedro II, por exemplo, liberaria o Presidente do Estado, seu amigo, de qualquer compromisso. Até lá precisaria conservar aquele ponto de apoio, como garantia na eventualidade de um fracasso nos seus projetos literários. Mas o Presidente, tão compreensivo e tolerante, tornara-se irredutível na defesa de seus princípios republicanos. Impossível dar licença a funcionário interino. Era contra tais liberalidades. Se quisesse ir para o Rio, que fosse por sua conta e risco. Tinha que demiti-lo. E mais não contasse com nova nomeação, se pensasse em voltar para a Paraíba. O Liceu não podia ficar sem professores.

A reação fora instantânea. Retornando à casa, o poeta transfigurado, comunica à esposa sua dramática resolução: "Vamos para o Rio. Nunca mais porei o pé na Paraíba". Dias depois, o primeiro navio do Lóide que passou pelo Recife, trazia para o Rio de Janeiro o casal Augusto dos Anjos. Viagem de lua-de-mel um tanto retardada, quatro meses após o casamento. viagem, porém, cheia de angústias e de apreensões. Tímido, reservado. exigente, preso ao círculo familiar em que sempre vivera, sem conseguir desprender-se da influência materna, sentira subitamente que era chegada a hora de cortar tudo o que ainda o prendia à infância e adolescência. O Engenho Pau d'Arco já não mais pertencia à sua gente. Ultimara-se a venda em agosto. O Presidente João Lopes Machado, recusando-lhe a ajuda, como que o expulsava da Paraíba. Tudo isso, que formava o seu passado, acabava de morrer. Tinha que pensar, agora, no futuro. No Rio de Janeiro, as coisas seriam diferentes. Publicaria, logo à chegada, o seu livro, afirmação da sua personalidade independente, o *Eu*. E, em breve, havia de nascer-lhe o primeiro filho. Levava algum dinheiro. Não precisava do auxílio de ninguém. Nem dependeria de parentes. Faria relações com poetas, escritores e jornalistas, que lhe reconheceriam o talento, e tudo facilitariam ao novo companheiro de letras. Conquistaria, em suma, pelo próprio mérito, todas as posições que almejasse, na imprensa e no magistério.

No Rio de Janeiro, o poeta se instalou com a esposa, grávida de três meses, num pequeno quarto de pensão, no segundo andar de um sobrado da Praça Mauá, logo no início da Avenida Central. Era em outubro de 1910. O penúltimo mês da administração de Nilo Peçanha. Pouco depois começariam os preparativos para a posse do novo Presidente da República, Marechal Hermes da Fonseca. O povo não participava desses acontecimentos. A cidade vestiu indiferente a pífia ornamentação oficial: os escudos republicanos pendurados nos postes da Light and Power, as fitas verde-amarelas nas árvores, as lâmpadas dispostas como frutos de emergência para se acenderem no dia 15 de novembro, depois do clássico desfile militar, conduzindo o Presidente, do velho edifício da Câmara dos Deputados ao Palácio do Catete, seguidos de retretas nos coretos improvisados nas praças públicas. Mas nem esse programa pôde ser executado à risca. "A chuva foi tão abundante, que dissolveu todos os festejos preparados", disse Augusto numa carta à irmã. Uma semana depois da posse, a revolta de João Cândido punha em estado de alerta a população. Os marinheiros se haviam amotinado, subjugando toda a oficialidade dos couraçados *Minas Gerais* e *São Paulo*. Outros vasos de guerra aderiram ao movimento. O comandante do *Minas*, que tentara reagir, fora morto pelos rebelados, senhores de toda a Baía da Guanabara. João Cândido, que os jornais denominavam o "Almirante Negro", dirigia ultimato ao governo, e ameaçava bombardear o Rio de Janeiro, caso não fossem atendidas as reivindicações da marujada: a abolição da chibata. A revolta não demorou a ser debelada. E o castigo governamental teve no episódio do *Satélite*, o navio fantasma transformado em prisão flutuante, o mais sinistro dos epílogos. Augusto não deixou de registrar, nas suas cartas familiares, a nota desoladora. "Nesta cidade - diz ele - os acontecimentos sensacionais são nenhuns, revertendo todos os fatos diários ao escoadouro promíscuo das velharias do costume. Merecem apenas citação excepcional os discursos do Rui Barbosa, no senado, sobre o fuzilamento dos marinheiros".

A carta já é de setembro de 1911. Decorrido quase um ano pouco se havia alterado na vida de Augusto dos Anjos. Conseguira, é verdade, a nomeação de professor substituto de Geografia, Cosmografia e Corografia do Brasil do Ginásio Nacional, graças à influência do seu coestaduano João Maximiniano de Figueiredo, diretor d'*O País*. A situação era mais do que precária e os vencimentos insuficientes para cobrir as despesas da família. Perdera o primeiro filho. O parto prematuro indica as dificuldades por que passara. A "nomeaçãozinha", contudo, obtida a duras penas, aliviara a tensão. Justificando-se, pela interrupção na correspondência a que fora forçado, Augusto se abre para a irmã distante: "Desempregado, com responsabilidades pesadas a me amarrotarem a alma, vítima de uma desilusão na minha própria terra, tudo isto, como um amálgama negro, engendrou esse silêncio malsinado, que não corresponde absolutamente a uma depressão quantitativa dos afetos à família, tanto por mim estimada. Agora, a nomeação que acabo de ter veio sanear um pouco o meu abalado território cerebral". Para completar a receita do orçamento doméstico, tinha que desdobrar-se em aulas particulares, em bairros diferentes. Em dezembro de 1911, resolve fazer ponto na Escola Remington. É o que se depreende do seguinte anúncio, estampado n'*O País*: "O professor Augusto dos Anjos prepara alunos para o exame de admissão aos cursos superiores e ensina diversas matérias do curso de Direito, podendo ser procurado das 2 às 5 horas da tarde à Avenida Central, nº 129, Escola Remington". Tenta outra atividade fora do magistério particular, tornando-se agente de uma companhia de seguros. Sem êxito, porém.

É total, absoluta, sua incapacidade para ganhar dinheiro. Tem que se resignar ao ganha-pão de professor. José Oiticica, recém-chegado de Minas, descreve os aspectos materiais de ambos, e usa a palavra "penúria" para sintetizar essa "fase horrível". E continua: "Eu, muito mais forte, mais batalhador, mais esperançado de vencer, com a falta de recursos multiplicava-me. Augusto se moía, concentrava a sua pena, embora, uma vez por outra, me revelasse as suas condições. O que mais o amargurava era a injustiça social, solícita em premiar os ruins, dourar as falcatruas, entronar os endinheirados e avaríssima com os honestos, os sonhadores, os retos de entendimento e coração". Outro testemunho, o de Elói Pontes, retrata o estado de depressão que não abandonaria o poeta, depois da publicação do *Eu*, e já lecionando na Escola Normal, em 1912, na mesma situação de instabilidade com que, no ano anterior, aceitara o encargo de ensinar às turmas suplementares do antigo Colégio Pedro II. A imagem do poeta desanimado, descrente, vencido, "com o *Eu*, embaixo do braço, sem despertar os interesses que previra de longe e sem que as suas aptidões claras e seguras lhe abrissem as portas de um ganha-pão ajustado às preferências de seu engenho".

Nenhum editor quisera publicar o seu manuscrito. Acabaria por financiar a edição, de parceria com o seu irmão, Odilon. Um ou outro deveria acreditar na empresa, como um negócio capaz de proporcionar lucros. É o que, pelo menos, transparece nas cláusulas do contrato firmado por ambos, documento que, dado o seu indiscutível valor biográfico, não pode permanecer inédito, como até agora. Ei-lo, em reprodução *ipsis litteris*:

Pelo presente documento, fica firmado entre Odilon dos Anjos e Augusto dos Anjos, abaixo assinados, que tendo Odilon dos Anjos dispendido, como dispendeu, a importância de Rs. 550$000 (quinhentos e cinquenta mil réis),na impressão de mil exemplares do livro de versos denominado *Eu*, de propriedade literária de Augusto dos Anjos, fica com direito ao que se segue: —

I

Reaver, à proporção que os primeiros exemplares do livro forem sendo vendidos, a importância dispendida com a mesma impressão.

II

Participar da metade do lucro que se verificar na venda dos exemplares do livro, depois que Augusto dos Anjos, ato contínuo a ter sido reavida a importância da impressão, retirar para si quantia igual a da mesma impressão (Rs.)

Fica considerada como despesa de impressão a quantia de Rs. 50$000 (cinquenta mil réis), dispendida com a fotografia de Augusto dos Anjos, a fim da mesma figurar no livro.

Fica considerada como despesa à parte tudo que for gasto com a venda e colocação do livro, cabendo a quem houver feito dita despesa reavê-la, oportunamente.

Rio, em 6-6-1912
Odilon dos Anjos
Augusto dos Anjos

Até então os meios literários nem sequer haviam tomado conhecimento da presença do poeta. A princípio, os simbolistas decidiram patrocinar o estreante. Mário Pederneiras, escreveu a nota simpática de apresentação no *Fon Fon*, com as iniciais M. P., e publicou-lhe o retrato. Osório Duque Estrada, o ferrabrás da crítica, derramou-se num longo artigo do *Correio da Manhã*, um dos primeiros do infindável debate em torno da estética e das ideias filosóficas de Augusto dos Anjos. “Um grande talento transviado pelo cientificismo; a promessa de um extraordinário poeta, abortada na alma de um filósofo — eis o que nos revela esse extravagante volume de versos, em que não poucas pérolas se misturam com o grosso cascalho dos exotismos estapafúrdios. A verdade é que no livro de Augusto dos Anjos míngua a poesia, ao mesmo tempo e avultam a cada passo as aberrações. Triste verdade, principalmente para a crítica imparcial e sincera que fareja no autor do *Eu* um espírito de elite e uma inteligência capaz de grandes cometimentos"

O aparecimento de um livro como *Eu*, no ambiente artificial do Rio de Janeiro, na segunda década do 1900, constituía alguma coisa de insólito e desafiador. Era a época em que predominava a literatura chamada "sorriso da sociedade". O cronista *d'O País*, Oscar Lopes, que bem representava essa mentalidade, mostrou-se escandalizado, como que tocando no volume com a ponta dos dedos, para não sujar as mãos de sangue no vermelho do título que ocupava quase toda a capa. "O Sr. Augusto dos Anjos, autor de um livro de versos intitulado *Eu*, fez barulho logo à chegada. A muita gente ele parecerá apenas desequilibrado. O título escolhido para as suas poesias é de uma ousadia rara. Algumas das composições são perfeitamente estranhas e caracterizadas por um evidente descaso por tudo quanto constitui a moeda corrente, nas letras da nossa terra. Entretanto, passada a primeira impressão, o leitor verifica que dentro daquelas páginas palpita um espírito original, que tanto verseja — e sempre com um singular poder musical - sobre temas excessivamente bizarros, como entretece lindamente o famoso soneto *Vandalismo*". Tinha talento, sem dúvida, mas não devia escrever sobre coisas que repugnavam ao Convencionalisimo. Diante do *Eu*, o requintadíssimo Oscar Lopes parece tão chocado quanto diante do espetáculo funambulesco dos mendigos na Avenida Central, em contraste com os *landaulets* e *double-phaetons*. A cidade andrajosa e a cidade civilizada. É o assunto da crônica seguinte do amável escritor, protestando contra a presença de cegos, paralíticos, escrofulosos, mutilados ou deformados, a transformarem a avenida em "triste corredor de derradeira classe".

A literatura oficial não poderia receber o *Eu* sem restrições. Jamais consagraria Augusto dos Anjos. Os grandes das letras continuariam a ignorar o poeta e seu livro. Em junho de 1912, o que realmente empolgava as rodas literárias era a ideia de Medeiros Albuquerque para que se levantasse no Rio de Janeiro uma estátua a Eça de Queirós, obra do escultor Pinto do Couto, que certamente não agradaria ao criador d'*O*

Primo Basílio. Entrevistas de Coelho Neto, Bilac, Alberto de Oliveira, Paulo Barreto, Filinto d'Almeida e Félix Pacheco enchiam colunas de jornais, a respeito de assunto tão palpitante. Abel Hermant e Sem passavam pelo Rio, a caminho de Buenos Aires. Lucien Guitry e sua companhia mantinham repleto, todas as noites, o Teatro Municipal. Rubén Dario e Paul Adam anunciavam conferências. A Srta. Nair de Teffé, caricaturista e declamadora, dava recitais de poesia francesa no *five-o-clock-tea* do Clube dos Diários. Quanto a livros de poesias, a atenção dos grandes nomes estava toda voltada para *Rimas*, de Aníbal Teófilo; *Miriam*, de Ademar Tavares; *Estos e Pausas*, de Félix Pacheco, cujo conteúdo não destoava dos padrões oficialmente consagrados. Esses livros, sim, tinham condições para o sucesso de crítica. Provocavam comentários galantes e debates floridos na Livraria Garnier, chamada pelo cronista d'*A Imprensa*, Carlos Eduardo, "sacristia da Academia", em tom irreverente, mas não desdenhoso.

Perguntassem lá pelo nome de Augusto dos Anjos. O que poderiam responder é que se tratava de um estreante, autor de uns versos extravagantes. Nada mais. O *Eu*, além de uma ou outra nota esparsa e dos artigos acima citados enquadrava-se na literatura condenada dos *ratés*, dos inconformados, colocados à margem. Não é sem propósito que o rebelado José Oiticica, escrevendo agora para um jornal da oposição como *A Época*, procurava caracterizar o amigo como um dos representantes da Poesia Nova, isto é, una poesia diferente, atuante, revolucionária. Hermes Fontes, que estreara, em 1908, com *Apoteoses*, saudado efusivamente pelos bem-pensantes, bandeara-se para o lado dos malditos, participando da mesma ordem de ideias. "Augusto dos Anjos é um poeta que não se confunde com os outros. É diferente dos mais pelo credo, pela fortuna e pela grande independência de pensar e dizer. Com os outros, isto é, com três ou quatro dos nossos grandes jovens poetas, ele se identifica, apenas pela força da cultura, pela segurança, pelo brilho, pela excepcionalidade de seu estro."

Era de fato diferente. A sinceridade de Augusto dos Anjos, falando de suas taras familiares, com a sem-cerimônia de um menino mal-educado, produzia um impacto desagradável em toda a camarilha intelectual, dominada pelo bovarismo da época, em que o Rio de Janeiro iniciava um período de falso esplendor, depois da reforma urbanística de Pereira Passos e da campanha sanitária de Osvaldo Cruz, não mais o Rio de Janeiro visitado constantemente pela febre amarela, mas a cidade catita, que já competia em elegâncias com a pequena Paris da

América do Sul que era Buenos Aires. Augusto estava longe de ser o poeta da moda. Nem os poemas do *Eu* poderiam ser declamados nos salões, sob pena de provocar engulhos, risos, vaias. O poeta era inclassificável. O máximo que poderia obter, como ponto de referência, eram adjetivos pouco recomendáveis, como estapafúrdio, aberrante, desequilibrado. Um caso patológico. Em matéria de extravagâncias, aparecia na mesma linha de um Caio Monteiro de Barros, no plano político, pretendendo organizar um Partido Socialista, ao mesmo tempo antimilitarista, anticapitalista e anticlericalista. Partido esse que não teria o apoio evidentemente nem de José Oiticica, anarquista convicto, nem muito menos de Augusto dos Anjos.

É que o poeta, no plano das ideias, permanece sempre dentro dos limites de um filosofismo puramente teórico, sem cogitar de aplicar o mecanismo mental que estava elaborando na militância político-ideológica — e era esta afinal a posição quase unânime da *inteligentesia* do seu tempo. Imbuído mais talvez do pessimismo de Schopenhauer que do evolucionismo de Spencer ou do monismo de Haeckel, como observaria muito mais tarde, e com acerto. Anatol Rosenfeld, o mesmo crítico e professor que apontaria semelhanças entre a temática do *Eu* e a de poetas representativos do expressionismo alemão: Gottfried Benn, que em 1912 publica um volume de poesias intitulado *Morgue;* Georg Heym, que descreve num poema em prosa, "Autópsia", a dissecação de um cadáver, ou ainda George Trakl, em suas visões fantasmagóricas de uma humanidade de "cara quebrada" a caminho da "negra putrefação".

É claro que Augusto dos Anjos nem sequer tomou conhecimento da existência desses poetas, seus contemporâneos, como ele tocados pelo filosofismo do fim do século, num quadro que não era só de certezas mas também de angústias, matizado pelo anticristianismo guerreiro de Nietzsche e pelo misticismo pacifista de Tolstói. Além do insigne Herbert Spencer e de Ernst Haeckel, tantas vezes citados, não eram eles as únicas fontes do cientificismo poético de Augusto dos Anjos, mesmo porque é preciso lembrar aquela sua advertência de que havia muitas coisas, que nem Spencer nem Haeckel compreenderam. Haeckel no começo de século, com a sua obra mais divulgada, *Os enigmas do universo*, informa Messer, foi traduzida em vinte e quatro idiomas, de 1899 a 1914, atingindo essas edições mais de 300.000 exemplares. Mas Augusto dos Anjos não estaria preocupado em seguir a moda, tanto assim que não se impressionou com o positivismo, quando o prestígio de Augusto Comte ainda se mantinha de pé, sobretudo no Brasil. A procura da verdade, que foi aliás um ideal tolstoiano, levou-o a Schopenhauer e, através do autor de *Dores do mundo* chegaria o braamanismo e ao budismo. Poderia chegar até o ocultismo ou ao teosofismo na mesma estrada percorrida por Fernando Pessoa, que se tornaria vulgarizador em Portugal do esoterismo de Madame Blavatsky e tradutor de todos ou quase todos os livros de Annie Besant. Pois Augusto dos Anjos se informara da ciência esotérica, embora sem ser um iniciático, pelo menos não há notícias disso. Todas essas correntes se cruzam no filosofismo do poeta, bem mais complexo do que aparentemente se supõe, mesmo porque não teria renegado de todo a religião católica. Mas, ainda rezando e aceitando todas as práticas do catolicismo, o seu mundo estaria bem mais próximo de Buda, com a total negação da existência material, à base de uma mortificação moral contínua. O conceito de destino do poeta se confundiria pois, com o significado búdico da própria vida, o qual foi assim definido por um seu contemporâneo, por sinal dos mais chegados ao autor do *Eu*, Órris Soares: "a existência é má porque está inseparável da dor, havendo a permanência do sofrimento".

Mundo oscilante, girando entre dois polos, o budismo e o cristianismo, ainda que difusos e indefinidos, mas de fundo nitidamente schopenhaueriano. Que a sua crença nos "signos do zodíaco" não se limitava à área puramente literária, basta a confissão que fizera, numa das cartas a Sinhá Mocinha, logo após a sua designação para o Ginásio Nacional: "No dia em que fui nomeado, referi à Ester seu antigo sonho, concretizado agora iniludivelmente. Ensina um filósofo sombrio da Germânia que as verdades fundamentais da Natureza e alguns acontecimentos efêmeros da vida fenomenal são revelados, em sonhos, pela psique de certos espíritos privilegiados. A inscrição da tábua profética está pois realizada" (carta de 29 de maio de 1911).

O poeta voava alto. Tinha asas possantes. O homem era, porém, frágil e impotente, sem forças para vencer a realidade da vida. Augusto dos Anjos começava a desanimar. No Rio de Janeiro, ao contrário do que havia imaginado, as coisas não se processavam de modo diverso que na Paraíba. Apenas em ponto maior, tudo se reproduzia exatamente como na província. O governo Hermes da Fonseca entrava numa fase de intensa modificação dos quadros políticos, visando a reacender o fogo sagrado dos primeiros tempos da República. A romaria ao túmulo de Floriano Peixoto fora mais concorrida, em 1912, que nos anos anteriores. O Marechal de Ferro, terror dos politiqueiros, era popular, o governo não parecia cruzar os braços diante da onda de greves e da arregimentação operária que, no comício de 1° de maio, conseguira reunir apreciável contingente de sapateiros, marmoristas, cocheiros, carroceiros, estivadores, carvoeiros, todos organizados com os seus grupos, que se denominavam "resistências". Foi quando os jornais publicaram as primeiras notícias sobre a construção das vilas proletárias da Gávea e de Marechal Hermes. Outro movimento, que despertava as simpatias populares, era a campanha das "salvações", com a derrubada *manu militari* das antigas oligarquias do Nordeste, de que a Paraíba se livrou, graças à interferência de Epitácio Pessoa, Ministro do Supremo Tribunal Federal, junto ao Presidente da República. A Paraíba chegou a ser invadida por grupos armados e João Machado ameaçado de deposição. Mas tudo acabou bem. O Estado foi pacificado, como se dizia. Pacificação que não chegava até o povo. Bastava que os grandes se entendessem. E novos oligarcas tomassem provisoriamente o lugar dos velhos. Na Paraíba, nem isso aconteceu. Álvaro Machado continuava a mandar.

Nesse clima, que poderia esperar Augusto dos Anjos de seus conterrâneos? Nada. Fora proscrito da Paraíba pela oligarquia apenas ferida mas não derrubada. João Maximiniano de Figueiredo, eleito deputado federal, não podia fazer mais, servindo ao poeta apenas para as notícias d'*O País* ou para as eventuais substituições no Ginásio Nacional e na Escola Normal. Tinha que esperar, esperar sempre, indefinidamente. Enquanto isso, cresciam-lhe as responsabilidades e a família aumentava, cada ano. As cansativas aulas particulares apenas supriam os magros vencimentos de professor público. Não conseguira fixar-se ainda em coisa alguma. Essa instabilidade é a causa das frequentes mudanças de endereço, assinaladas nas cartas que escrevia para a irmã ou para Sinhá Mocinha. Em perto de três anos, que foi quanto viveu no Rio de Janeiro, residiu em dez casas de diferentes bairros, quase sempre em quartos de pensão, tudo era incerto, a não ser a sua perambulação de professor à cata de alunos. Em fins de 1912, escrevia à esposa, que fora à Paraíba buscar a mãe, dizendo: "Arranjei numa dessas muitas Academias que aqui surgem, como verdadeiros casos de geração espontânea, duas cadeiras em que, segundo me disse o diretor, hei de funcionar, de fevereiro em diante. São as cadeiras de Português do curso de admissão e do Departamento Internacional e Privado, de Direito (*sic*). Creio muito pouco na estabilidade dessas academias, mas dizem que o diretor possui um fundo de reserva monetária de 100:000$000 réis. Pode ser".

Nessa carta, a par do indefectível pessimismo, há uma nota de esperança: o projeto da compra de uma casa - "em qualquer dos arrabaldes citados por você, encontram-se casas de 20 contos de réis com todas as comodidades queridas, segundo hoje me informei, 25 contos no máximo" - casa onde todos morariam juntos, inclusive a sogra; mas, logo ao final, o poeta volta a falar das suas doenças, dos deus resfriados e da sua bronquite, dos remédios que sempre o acompanham: salicilatos, magnésia, bicarbonato, bioplumina de cola fosfatada e o Bromil, de que Augusto dos Anjos foi um dos maiores consumidores, pelo menos, durante os meses em que conviveu, Rio de Janeiro, com Órris Soares.

Em 1913 estão todos reunidos, não na casa própria, mas num *chalet* da Rua Delfina, na Tijuca. E Augusto, malgrado as aperturas financeiras, deseja ainda a companhia da irmã, que deixou na Paraíba. Escreve-lhe: "Eu continuo a lutar com muito esforço, mas também com confiança no êxito da minha missão. Quando estarás aqui em nossa companhia? O humílimo lar em que estamos é absolutamente teu e de todos os de nossa família". O ano se arrastaria assim, como os demais, com as mesmas dificuldades e atribulações. Em 1914, surgiu a possibilidade da nomeação para diretor do Grupo Escolar de Leopoldina, em Minas Gerais. Agarrou-se a ela como um náufrago à espera de tábua de salvação. Seu concunhado, Rômulo Pacheco, ligado a política local, obtivera o apoio do Deputado Ribeiro Junqueira, chefe todo-poderoso da região, para a iniciativa. O ordenado de apenas 330$000 pareceu vantajoso para quem certamente teria menos despesas na vida modesta e obscura que iria viver no interior. Mesmo assim, em Leopoldina, continuou a dar aulas particulares.

Leopoldina seria, para ele, algo estupendo, maravilhoso, o próprio Nirvana, como dirá em carta à Sinhá Mocinha: "A pesar da monotonia desta cidade, tenho passado bem aqui, não somente sob o ponto de vista da saúde, como também sob o da chamada *vida material*. Quando digo *bem da vida material*, quero dizer em condições melhores das que as que me infelicitaram dantes, obrigando-me ao *Deus-dará* das misericórdias alheias. Não maldigo entretanto a fase angustiosa que pesou sobre o meu destino. Dada a compreensão, peço licença para dizer, superior, que eu tenho do mundo, foi-me ela mais propícia do que adversa à integração de minha individualidade moral e até mesmo intelectual. Aceito hoje em filosofia o finalismo otimista de Sócrates, o qual em termos vulgares, pode ser assim enunciado: tudo quanto sucede é unicamente para o bem". Esta carta é datada de 29 de setembro. Um mês depois, precisamente, o poeta adoece, vindo a falecer em 12 de novembro de 1914 de uma congestão pulmonar.

A morte de Augusto dos Anjos teve pouca ou quase nenhuma repercussão na Imprensa do Rio de Janeiro, a não ser pelo artigo de Antônio Torres, recordando o poeta com entusiasmo, artigo esse que se incorporou a todas as edições publicadas por Bedeschi, de 1934 a 1961. Na Paraíba, como a reparar todo o mal que fizeram ao filho incompreendido, José Américo de Almeida escreveu o seu "Augusto dos Anjos no trigésimo dia do seu falecimento", mais tarde estampado no *Almanaque do Estado da Paraíba para* 1917, já no governo de Camilo de Holanda, durante o qual, por iniciativa de Órris Soares, seria publicada uma nova edição do *Eu*, acrescida de poemas esparsos, em 1920. Até então, o poeta quedara esquecido, mesmo dos que o amavam, quando não completamente ignorado pelos donos da literatura. Dias depois da sua morte, ocorrida em Leopoldina, Órris Soares e Heitor Lima caminhavam pela Avenida Central e pararam na porta da Casa Lopes Fernandes para cumprimentar Olavo Bilac. O Príncipe dos poetas notou a tristeza dos dois amigos, que acabavam de receber a notícia.

— E quem é esse Augusto dos Anjos? — perguntou.

Diante do espanto de seus interlocutores. Bilac insistiu:

— Grande poeta? Não o conheço. Nunca ouvi falar nesse nome. Sabem alguma coisa dele?

Heitor Lima recitou o soneto: *Versos a um coveiro*. Bilac ouviu pacientemente, sem interrompê-lo. E, depois que o amigo terminou o último verso, sentenciou com um sorriso de superioridade:

— Era este o poeta? Ah, então, fez bem em morrer. Não se perdeu grande coisa.

A edição paraibana, promovida por Órris Soares, despertou um certo interesse. São dessa época os artigos de Alceu Amoroso Lima, que então se iniciava na crítica literária, e de João Ribeiro, anotador sempre amável, especialmente em se tratando de valores novos. Mas nem de um nem de outro partiu palavra que pudesse contribuir para a revalorização do poeta, que se restringe, na verdade, à retórica provinciana do volumezito de Álvaro de Carvalho, *As revelações do Eu*, e das conferências de Raul Machado, no Recife e no Rio de Janeiro. Certo é que o *Eu*, passada a euforia da homenagem estadual, teve que esperar mais oito anos para encontrar um novo editor. Os modernistas timbraram em desconhecer a angustiada mensagem de Augusto. Depois disso, só seria mesmo lembrado por Gilberto Freyre, em artigo escrito para uma revista norte-americana, e que é por sinal o primeiro ensaio rigorosamente crítico e inteligentemente interpretativo do poeta e da sua poesia. Indo à Paraíba, levado por José Lins do Rego, o jovem licenciado da Columbia University espantara-se com a enorme estátua erigida a Álvaro Machado. Deu-se então o inverso da pergunta inquisidora de Olavo Bilac a Órris Soares e Heitor Lima:

— E para Augusto dos Anjos que vocês daqui fizeram?

Em 1928 a Livraria Castilho lançou a terceira edição do *Eu*. O próprio editor e livreiro teve a iniciativa, mas fora difícil localizar os herdeiros do poeta. A viúva se casara em segundas núpcias com o Professor Júlio Ferreira Caboclo. Viviam no interior mineiro. O Deputado Oscar Soares, irmão de Órris, conseguira, afinal, comunicar-se com Caboclo, e a edição pôde ser feita. Castilho poderia esperar tudo, menos o que aconteceu:sucesso de venda. Gondin da Fonseca, em crônica publicada no jornal *Crítica*, diz que em menos de dois meses venderam-se 5.500 exemplares. Exagero ou não, a verdade é que, no ultraconservador *Jornal do Comércio*, Medeiros e Albuquerque garante que o livro "representa o mais espantoso sucesso de livraria nos últimos tempos: 3.000 volumes escoados em quinze dias". A crítica de Medeiros, a par de seus aspectos positivos, insiste na tecla repetida de pretender transformar a poesia do *Eu* em caso mais patológico que literário. "É um caso à parte, a que se pode chamar um 'belo caso', com a mesma significação que o adjetivo belo toma na linguagem dos médicos. Porque de fato é um caso patológico em toda a extensão da palavra". E, depois de referir-se ao esforço de Augusto dos Anjos em "despoetizar" a sua poesia, conclui Medeiros e Albuquerque: "Lê-se o seu livro como se iria ver a obra de um ourives louco, que tivesse tomado ouro maciço e feito com ele um bloco estranho, áspero, anfratuoso, sem representar coisa alguma, tendo apenas, aqui e ali, recipientes para dejetos imundos... E quem visse isso exclamaria: "Quanto ouro perdido! Quanto ouro mal aplicado!" Mas, bem ou mal aplicado, era ouro, ouro de lei".

É de notar-se que Augusto dos Anjos chamou antes a atenção dos psiquiatras que dos críticos literários. Na sua bibliografia, são numerosos os ensaios médicos, desde o estudo incluído no volume de Licínio dos Santos, *A loucura dos intelectuais*, 1914, acompanhado da resposta ao inquérito então procedido pelo autor, e que é, sem dúvida, da maior importância para oconhecimento da personalidade do poeta. Em 1926, um jovem cearense, João Felipe de Saboia Ribeiro, apresentava à Faculdade de Medicina da Bahia a sua tese de doutoramento, na cadeira de Clínica Psiquiátrica, tendo como tema o diagnóstico das doenças de Augusto dos Anjos através do *Eu* (*Ensaio nosográfico de Augusto dos Anjos*). O mesmo tema seria desenvolvido, com maior segurança, por Artur Ramos, no seu artigo *Augusto dos Anjos à luz da psicanálise*, publicado no mesmo ano nos *Anais Médico-Sociais da Bahia.* Mas, de toda a série, a melhor contribuição caberia a A. L. Nobre de Melo, em *Augusto dos Anjos e as origens de sua arte poética*, trabalho publicado em 1942.

A fortuna bibliográfica do poeta foi recenseada por Otto Maria Carpeaux, na sua utilíssima *Pequena bibliografia crítica da literatura brasileira*, cuja terceira edição atualizada, de 1964, registra nada menos de quarenta e três entradas. Ainda na seletiva, a quantidade sufoca a qualidade. Infelizmente, Augusto dos Anjos não tem sido estudado como merece, constituindo exceções os trabalhos sérios, como o de Antônio Houaiss e o de M. Cavalcanti Proença. A bibliografia de Carpeaux não inclui alguns trabalhos estimáveis, como o de José Paulo Pais: "*As quatro vidas de Augusto dos Anjos*" (*Revista Brasiliense*, São Paulo, nº 11, maio-junho 1957, pp. 135-152); De Anatol Rosenfeld: "*A costela de prata de Augusto dos Anjos*" (*Doze estudos*, São Paulo, 1959. pp 7 - 12); Ledo Ivo: "*As diatomáceas da lagoa*" (*Paraísos de papel*, São Paulo, 1961, pp. 21-28), sem falar na breve e lúcida referência de Darcy Damasceno, no volume III, tomo 1, d'*A literatura no Brasil*, dirigida por Afrânio Coutinho, Rio de Janeiro, 1959, pp. 388-390. Carpeaux, com o seu conhecimento das literaturas estrangeiras de todos os tempos e de todos os países, proclamou Augusto como "o mais original, o mais independente" de todos os poetas mortos do Brasil. A opinião tem o seu quê de polêmico. Provocou reparos de Manuel Bandeira, na *Apresentação da poesia brasileira*, 1934, apesar da admiração que demonstra pelo poeta, colocando-o em posição de primeira grandeza em nossa história literária. "Augusto dos Anjos morreu aos trinta anos. Não creio, porém, que, se vivesse mais, atenuasse as arestas de sua expressão formal. Esta lhe era congênita e persistiu sem dúvida, como persistiu na maturidade de Euclides da Cunha, em cuja prosa deparamos com o mesmo ímpeto explosivo e indomável". Um grande crítico de geração seguinte, Antônio Cândido, não concordaria nem com Manuel Bandeira e muito menos com Otto Maria Carpeaux. E toca num ponto que julga definitivo para a condenação do poeta: o seu propalado mau gosto. "Augusto dos Anjos não é dos poetas que amo, embora lhe admire a magia verbal e sinta a grandeza de seu abismo interior. O Sr. Manuel Bandeira, num traço iluminante, aproxima-o de Euclides da Cunha, a cuja família espiritual sem dúvida pertence. Penso que ele representou admiravelmente, como Euclides, a nossa inclinação verbalista, criando uma retórica por vezes bela e concedendo a realidade como cidadela misteriosa que é preciso abordar com torneios algo alucinantes de expressão. Não é à toa que o Sr. Otto Maria Carpeaux, apaixonado do barroco, veio se entusiasmar no Brasil por este rebento do velho tronco gongórico, constante em nossa literatura sob as suas formas mais discursivas e superficiais. O mau gosto de Augusto dos Anjos funciona normalmente na sua poética de recursos tensos, quase desesperados, e a grandeza do seu drama queima como um fogacho nem sempre suportável".

Ainda que seja impossível separar o drama pessoal da sua temática, o que impressiona em todo esse debate é o respeito, mesmo dos negadores, obrigados a se curvarem diante de uma obra como o *Eu*, que vai pouco além uma centena de páginas. Quanta densidade nesse pequenino livro! Não creio que Augusto dos Anjos se tivesse estratificado na sua expressão formal – para tanto, basta comparar a *Barcarola*, totalmente diversa *Monólogo de uma sombra*. O poeta ainda não se realizara em toda a plenitude. Nem sequer começa a escrever o poema que seria certamente a sua obra-prima, à maneira d'*Os Lusíadas*, de Camões, ou d'*O Desejado*, de Antônio Nobre: um poema sobre o Brasil. E mais: a Primeira Guerra Mundial, no ano da sua morte, que lhe havia inspirado o soneto escrito em Leopoldina, em agosto de 1914, poderia constituir o grande tema da sua poética, voltada agora para a angústia coletiva e para o sofrimento universal. A guerra era, por assim dizer, com mau gosto ou não, a fonte de um novo Augusto dos Anjos, menos individualista, mais forte e mais denso, porque mais humano. Quanto ao artesão, considerado imperfeito tanto por Manuel Bandeira como por Dante Milano, quem responde é o ensaio de M. Cavalcanti Proença: *O artesanato em Augusto dos Anjos*, 1955.

Foi Proença quem descobriu residir na musicalidade dos versos de Augusto dos Anjos o segredo do sucesso editorial do *Eu*. O público aceitou o poeta das palavras difíceis, dos termos arrevesados, das expressões rebarbativas. "Se a forma fosse empecilho à penetração da obra literária no conceito popular, *Iracema*, de Alencar, e *Eu*, de Augusto dos Anjos, não teriam chegado à primeira dezena de edições". A preferência popular que tornou o *Eu* tão procurado quanto *As primaveras*, de Casimiro de Abreu, as *Espumas flutuantes*, de Castro Alves, e os versos de Manuel Bandeira e Carlos Drummond de Andrade, antecipou-se de qualquer forma ao reconhecimento da crítica.

Como organizador desta 30ª edição do *Eu*, a segunda sob a égide da Livraria São José, nada tenho a acrescentar ao que escreveu o meu amigo e mestre Antônio Houaiss no seu "Texto e nota", certamente dirigida ao leitor de boa fé. O que tinha de ser explicado sobre as imperfeições da 29ª edição já está feito, portanto, e de modo lapidar, embora prevaleçam certos problemas que serão com vagar resolvidos. A tarefa não é pequena. Agradeço por isso mesmo a valiosa contribuição de M. Cavalcanti Proença, sem falar na ajuda preciosíssima do filho do poeta, Guilherme Augusto dos Anjos, desde a infância interessado na obra paterna, tornando-se um dos mais autorizados e competentes angelistas. Agradeço muito especialmente ao ilustre paraibano, Ademar Vidal, haver-me confiado a *Correspondência a Sinha Mocinha* e três autógrafos de poesias, hoje incorporados à Seção de Literatura do Museu Histórico Nacional, benemérita iniciativa do seu atual e dinâmico diretor, Josué Montello. Agradeço a Paschoal Carlos Magno, que se lembrou de dar um túmulo condigno aos despojos do poeta, na cidade de Leopoldina, atendendo em 1964, na qualidade de secretário do Conselho Nacional de Cultura, ao apelo insistentemente formulado por Luís Santa Cruz, pelas colunas do *Diário de Notícias*, do Rio de Janeiro, nos anos de 1947 e 1953. Agradeço a Zilda Galhardo de Araújo, chefe da seção de periódicos da Biblioteca Nacional, a atenção que teve comigo durante a pesquisa que ali realizei, examinando coleções de jornais da Paraíba. Agradeço a Josué Montello, Otto Maria Carpeaux, Leonardo Arroyo, Fausto Cunha, Ledo Ivo, Geir Campos, Andrade Murici, Homero Sena, Maria Yeda Leite Linhares, Gilson Amado, a todos enfim que se interessaram, pela imprensa, rádio e televisão, não importa a dose de simpatia ou compreensão, pela tarefa que iniciamos com a 29ª edição do *Eu*. Apontem defeitos, gralhas, incorreções, indiquem novos caminhos, talvez mais acertados, é este o nosso desejo. A obra de Augusto dos Anjos, sendo um patrimônio nacional, não tem donos, tampouco enfiteutas provincianos. Vamos prosseguir, melhorando sempre, até oferecer ao público de língua portuguesa um texto perfeito, dentro dos limites das possibilidades humanas. Para isso contamos com o apoio do editor Carlos Ribeiro, que é sem nenhum favor o grande herói desta batalha ainda não terminada.

OUTRAS POESIAS

O LAMENTO DAS COISAS

Triste, a escutar, pancada por pancada,
A sucessividade dos segundos,
Ouço, em sons subterrâneos, do Orbe oriundos
O choro da Energia abandonada!

É a dor da Força desaproveitada
— O cantochão dos dínamos profundos,
Que, podendo mover milhões de mundos,
Jazem ainda na estática do Nada!

É o soluço da forma ainda imprecisa...
Da transcendência que se não realiza...
Da luz que não chegou a ser lampejo...

É em suma, o subconsciente aí formidando
Da Natureza que parou, chorando,
No rudimentarismo do Desejo!

O MEU NIRVANA

No alheamento da obscura forma humana,
De que, pensando, me desencarcero,
Foi que eu, num grito de emoção, sincero
Encontrei, afinal, o meu Nirvana!

Nessa manumissão schopenhauereana,
Onde a Vida do humano aspecto fero
Se desarraiga, eu, feito força, impero
Na imanência da Ideia Soberana!

Destruída a sensação que oriunda fora
Do tato — ínfima antena aferidora
Destas tegumentárias mãos plebeias —

Gozo o prazer, que os anos não carcomem,
De haver trocado a minha forma de homem
Pela imortalidade das Ideias!

CAPUT IMMORTALE

Ad poetam

Na dinâmica aziaga das descidas,
Aglomeradamente e em turbilhão
Solucem dentro do Universo ancião,
Todas as urbes siderais vencidas!

Morra o éter. Cesse a luz. Parem as vidas.
Sobre a pancosmológica exaustão
Reste apenas o acervo árido e vão
Das muscularidades consumidas!

Ainda assim, a animar o cosmos ermo,
Morto o comércio físico nefando,
Oh! Nauta aflito do Subliminal,

Como a última expressão da Dor sem termo,
Tua cabeça há de ficar vibrando
Na negatividade universal!

APÓSTROFE À CARNE

Quando eu pego nas carnes do meu rosto
Pressinto o fim da orgânica batalha:
— Olhos que o húmus necrófago estraçalha,
Diafragmas, decompondo-se, ao sol posto...

E o Homem — negro e heteróclito composto.
Onde a alva flama psíquica trabalha.
Desagrega-se e deixa na mortalha
O tato, a vista, o ouvido, o olfato e o gosto!

Carne, feixe de mônadas bastardas.
Conquanto em flâmeo fogo efêmero ardas,
A dardejar relampejantes brilhos.

Dói-me ver, muito embora a alma te acenda,
Em tua podridão a herança horrenda,
Que eu tenho de deixar para os meus filhos!

LOUVOR À UNIDADE

"Escafandros, arpões, sondas e agulhas
"Debalde aplicas aos heterogêneos
"Fenômenos, e, há inúmeros milênios,
"Num pluralismo hediondo o olhar mergulhas!

"Une, pois, a irmanar diamantes e hulhas,
"Com essa intuição menística dos gênios,
"A hirta forma falaz do *aere perennius*
"A transitoriedade das fagulhas!"

— Era a estrangulação, sem retumbância,
Da multimilionária dissonância
Que as harmonias siderais invade...

Era, numa alta aclamação, sem gritos,
O regresso dos átomos aflitos
Ao descanso perpétuo da Unidade!

O PÂNTANO

Podem vê-lo, sem dor, meus semelhantes!...
Mas, para mim que a Natureza escuto,
Este pântano é o túmulo absoluto,
De todas as grandezas começantes!

Larvas desconhecidas de gigantes
Sobre o seu leito de peçonha e luto
Dormem tranquilamente o sono bruto
Dos superorganismos ainda infantes!

Em sua estagnação arde uma raça,
Tragicamente, à espera de quem passa
Para abrir-lhe, às escâncaras, a porta...

E eu sinto a angústia dessa raça ardente
Condenada a esperar perpetuamente
No universo esmagado da água morta!

SUPRÊME CONVULSION

O equilíbrio do humano pensamento
Sofre também a súbita ruptura,
Que produz muita vez, na noite escura,
A convulsão meteórica do vento.

E a alma o obnóxio quietismo sonolento
Rasga; e, opondo-se à Inércia, é a essência pura,
É a síntese, é o transunto, é a abreviatura
De todo o ubiquitário Movimento!

Sonho, — libertação do homem cativo —
Ruptura do equilíbrio subjetivo,
Ah! foi teu beijo convulsionador

Que produziu este contraste fundo
Entre a abundância do que eu sou, no Mundo,
E o nada do meu homem interior!

A UM GÉRMEM

Começasse a existir, geleia crua,
E hás de crescer, no teu silêncio, tanto
Que, é natural, ainda algum dia, o pranto
Das tuas concreções plásmicas flua!

A água, em conjugação com a terra nua,
Vence o granito, deprimindo-o... O espanto
Convulsiona os espíritos, e, entanto,
Teu desenvolvimento continua!

Antes, geleia humana, não progridas
E em retrogradações indefinidas,
Volvas à antiga inexistência calma!...

Antes o Nada, oh! gérmen, que ainda haveres
De atingir, como o gérmen de outros seres,
Ao supremo infortúnio de ser alma!

NATUREZA ÍNTIMA

Ao filósofo Farias Brito

Cansada de observar-se na corrente
Que os acontecimentos refletia,
Reconcentrando-se em si mesma, um dia,
A Natureza olhou-se interiormente!

Baldada introspecção! Noumenalmente
O que Ela, em realidade, ainda sentia
Era a mesma imortal monotonia
De sua face externa indiferente!

E a Natureza disse com desgosto:
"Terei somente, porventura, rosto?!
"Serei apenas mera crusta espessa?!

"Pois é possível que Eu, causa do Mundo,
"Quando mais em mim mesma me aprofundo
"Menos interiormente me conheça?!"

A FLORESTA

Em vão com o mundo da floresta privas!...
— Todas as hermenêuticas sondagens,
Ante o hieroglifo e o enigma das folhagens,
São absolutamente negativas!

Araucárias, traçando arcos de ogivas,
Bracejamentos de álamos selvagens,
Como um convite para estranhas viagens,
Tornam todas as almas pensativas!

Há uma força vencida nesse mundo!
Todo o organismo florestal profundo
É dor viva, trancada num disfarce...

Vivem só, nele, os elementos broncos,
— As ambições que se fizeram troncos,
Porque nunca puderam realizar-se!

A MERETRIZ

A rua dos destinos desgraçados
Faz medo. O Vicio estruge. Ouvem-se os brados
Da danação carnal... Lúbrica, à lua,
Na sodomia das mais negras bodas
Desarticula-se, em coréas doudas,
Uma mulher completamente nua!

É a meretriz que, de cabelos ruivos,
Bramando, ébria e lasciva, hórridos uivos
Na mesma esteira pública, recebe,
Entre farraparias e esplendores.
O eretismo das classes superiores
E o orgasmo bastardíssimo da plebe!

É ela que, aliando, à luz do olhar protervo,
O indumento vilíssimo do servo
Ao brilho da augustal *toga pretexta*,
Sente, alta noite, em contorções sombrias,
Na vacuidade das entranhas frias
O esgotamento intrínseco da besta!

É ela que, hirta, a arquivar credos desfeitos,
Com as mãos chagadas, espremendo os peitos,
Reduzidos, por fim, a âmbulas moles,
Sofre em cada molécula a angústia alta
De haver secado, como o estepe, à falta
Da água criadora que alimenta as proles!

É ela que, arremessada sobre o rude
Despenhadeiro da decrepitude,
Na vizinhança aziaga dos ossuários
Representa, através os meus sentidos,
A escuridão dos gineceus falidos
E a desgraça de todos os ovários!

Irrita-se-lhe a carne à meia-noite.
Espicaça-a a ignomínia, excita-a o açoite
Do incêndio que lhe inflama a língua espúria.

E a mulher, funcionária dos instintos,
Com a roupa amarfanhada e os beiços tintos,
Gane instintivamente de luxúria!

Navio para o qual todos os portos
Estão fechados, urna de ovos mortos,
Chão de onde uma só planta não rebenta,
Ei-la, de bruços, bêbeda de gozo
Saciando o geotropismo pavoroso
De unir o corpo à terra famulenta!

Nesse espolinhamento repugnante
O esqueleto irritado da bacante
Estrala... Lembra o ruído harto azorrague
A vergastar ásperos dorsos grossos.
E é aterradora essa alegria de ossos
Pedindo ao sensualismo que os esmague!

É o pseudo-regozijo dos eunucos
Por natureza, dos que são caducos
Desde que a Mãe-Comum lhes deu início...
É a dor profunda da incapacidade
Que, pela própria hereditariedade
A lei da seleção disfarça em Vício!

É o júbilo aparente da alma quase
A eclipsar-se, no horror da ocídua fase
Esterilizadora de órgãos... É o hino
Da matéria incapaz, filha do inferno,
Pagando com volúpia o crime eterno
De não ter sido fiel ao seu destino!

É o Desespero que se faz bramido
De anelo animalíssimo incontido,
Mais que a vaga incoercível na água oceânea...
É a Carne que, já morta essencialmente,
Para a Finalidade Transcendente
Gera o prodígio anímico da Insânia!

Nas frias antecâmaras do Nada
O fantasma da fêmea castigada,

Passa agora ao clarão da lua acesa
E é seu corpo expiatório, alvo e desnudo
A síntese eucarística de tudo
Que não se realizou na Natureza!

Antigamente, aos tácitos apelos
Das suas carnes e dos seus cabelos,
Na óptica abreviatura de um reflexo,
Fulgia, em cada humana nebulosa,
Toda a sensualidade tempestuosa
Dos apetites bárbaros do Sexo!

O atavismo das raças sibaritas,
Criando concupiscências infinitas
Como eviterno lobo insatisfeito;
Na homofagia hedionda que o consome,
Vinha saciar a milenária fome
Dentro das abundâncias do seu leito!

Toda a libidinagem dos mormaços
Americanos fluía-lhe dos braços,
Irradiava-se-lhe, hírcica, das veias
E em torrencialidades quentes e úmidas,
Gorda a escorrer-lhe das artérias túmidas
Lembrava um transbordar de ânforas cheias.

A hora da morte acende-lhe o intelecto
E à úmida habitação do vício abjecto
Afluem milhões de sóis, rubros, radiando...
Resíduos memoriais tornam-se luzes
Fazem-se ideias e ela vê as cruzes
Do seu martirológio miserando!

Inícios atrofiados de ética, ânsia
De perfeição, sonhos de culminância,
Libertos da ancestral modorra calma,
Saem da infância embrionária e erguem-se, adultos,
Lançando a sombra horrível dos seus vultos
Sobre a noite fechada daquela alma!

É o sublevantamento coletivo
De um mundo inteiro que aparece vivo,
Numa cenografia de diorama,
Que, momentaneamente luz fecunda,
Brilha na prostituta moribunda
Como a fosforescência sobre a lama!

É a visita alarmante do que outrora
Na abundância prospérrima da aurora,
Pudera progredir, talvez, decerto,
Mas que, adstrito a inferior plasma inconsútil,
Ficou rolando, como aborto inútil,
Como o...............do deserto!

Vede! A prostituição ofídia aziaga
Cujo tóxico instila a infâmia, e a estraga
Na delinquência............ impune,
Agarrou-se-lhe aos seios impudicos
Como o abraço mortífero do Ficus
Sugando a seiva da árvore a que se une!

....
....
....
....

Enroscou-se-lhe aos abraços com tal gosto,
Mordeu-lhe a boca e o rosto...

....
....
....
....

Ser meretriz depois do túmulo! A alma
Roubada a hirta quietude da urbe calma
Onde se extinguem todos os escolhos:
E, condenada, ao trágico ditame,
Oferecer-se à bicharia infame
Com a terra do sepulcro a encher-lhe os olhos!

Sentir a língua aluir-se-lhe na boca
E com a cabeça sem cabelos, oca...

....

Na horrorosa avulsão da forma nívea
Dizer ainda palavras de lascívia...

....

GUERRA

Guerra é esforço, é inquietude, é ânsia, é transporte...
É a dramatização sangrenta e dura
Da avidez com que o Espírito procura
Ser perfeito, ser máximo, ser forte!

É a Subconsciência que se transfigura
Em volição conflagradora... É a coorte
Das raças todas, que se entrega à morte
Para a felicidade da Criatura!

É a obsessão de ver sangue, é o instinto horrendo
De subir, na ordem cósmica, descendo
À irracionalidade primitiva...

E a Natureza que, no seu arcano,
Precisa de encharcar-se em sangue humano
Para mostrar aos homens que está viva!

O SARCÓFAGO

Senhor da alta hermenêutica do Fado
Perlustro o *atrium* da Morte... É frio o ambiente
E a chuva corta inexoravelmente
O dorso de um sarcófago molhado!

Ah! Ninguém ouve o soluçante brado
De dor profunda, acérrima e latente,
Que o sarcófago, ereto e imóvel, sente
Em sua própria sombra sepultado!

Dói-lhe (quem sabe?!) essa grandeza horrível,
Que em toda a sua máscara se expande,
À humana comoção impondo-a, inteira...

Dói-lhe, em suma, perante o Incognoscível,
Essa fatalidade de ser grande
Para guardar unicamente poeira!

HINO À DOR

Dor, saúde dos seres que se fanam,
Riqueza da alma, psíquico tesouro,
Alegria das glândulas do choro
De onde todas as lágrimas emanam...

És suprema! Os meus átomos se ufanam
De pertencer-te, oh! Dor, ancoradouro
Dos desgraçados, sol do cérebro, ouro
De que as próprias desgraças se engalanam!

Sou teu amante! Ardo em teu corpo abstrato.
Com os corpúsculos mágicos do tato
Prendo a orquestra de chamas que executas...

E, assim, sem convulsão que me alvoroce,
Minha maior aventura é estar de posse
De tuas claridades absolutas!

ULTIMA VISIO

Quando o homem, resgatado da cegueira
Vir Deus num simples grão de argila errante,
Terá nascido nesse mesmo instante
A mineralogia derradeira!

A impérvia escuridão obnubilante
Há de cessar! Em sua glória inteira
Deus resplandecerá dentro da poeira
Como um gazofiláceo de diamante!

Nessa última visão já subterrânea,
Um movimento universal de insânia
Arrancará da insciência o homem precito...

A Verdade virá das pedras mortas
E o homem compreenderá todas as portas
Que ele ainda tem de abrir para o Infinito!

AOS MEUS FILHOS

Na intermitência da vital canseira.
Sois vós que sustentais (Força Alta exige-o...)
Com o vosso catalítico prestígio,
Meu fantasma de carne passageira!

Vulcão da bioquímica fogueira
Destruiu-me todo o orgânico fastígio...
Dai-me asas, pois, para o último remígio,
Dai-me alma, pois, para a hora derradeira!

Culminâncias humanas ainda obscuras,
Expressões do universo radioativo,
Íons emanados do meu próprio ideal,

Benditos vós, que, em épocas futuras,
Haveis de ser no mundo subjetivo,
Minha continuidade emocional!

A DANÇA DA PSIQUE

A dança dos encéfalos acesos
Começa. A carne é fogo. A alma arde. A espaços
As cabeças, as mãos, os pés e os braços
Tombam, cedendo à ação de ignotos pesos!

É então que a vaga dos instintos presos
— Mãe de esterilidades e cansaços —
Atira os pensamentos mais devassos
Contra os ossos cranianos indefesos

Subitamente a cerebral coreia
Pára. O cosmos sintético da Ideia
Surge. Emoções extraordinárias sinto

Arranco do meu crânio as nebulosas
E acho um feixe de forças prodigiosas
Sustentando dois monstros: a alma e o instinto!

O POETA DO HEDIONDO

Sofro aceleradíssimas pancadas
No coração. Ataca-me a existência
A mortificadora coalescência
Das desgraças humanas congregadas!

Em alucinatórias cavalgadas,
Eu sinto, então, sondando-me a consciência
A ultra-inquisitorial clarividência
De todas as neuronas acordadas!

Quanto me dói no cérebro esta sonda!
Ah! Certamente eu sou a mais hedionda
Generalização do Desconforto...

Eu sou aquele que ficou sozinho
Cantando sobre os ossos do caminho
A poesia de tudo quanto é morto!

A FOME E O AMOR

A um monstro

Fome! E, na ânsia voraz que, ávida, aumenta,
Receando outras mandíbulas a esbangem,
Os dentes antropófagos que rangem,
Antes da refeição sanguinolenta!

Amor! E a satiríase sedenta,
Rugindo, enquanto as almas se confrangem,
Todas as danações sexuais que abrangem
A apolínica besta famulenta!

Ambos assim, tragando a ambiência vasta,
No desembestamento que os arrasta,
Superexcitadíssimos, os dois

Representam, no ardor dos seus assomos
A alegoria do que outrora fomos
E a imagem bronca do que ainda hoje sois!

HOMO INFIMUS

Homem, carne sem luz, criatura cega,
Realidade geográfica infeliz,
O Universo calado te renega
E a tua própria boca te maldiz!

O nôumeno e o fenômeno, o alfa e o ômega
Amarguram-te. Hebdômadas hostis
Passam... Teu coração se desagrega,
Sangram-te os olhos, e, entretanto, ris!

Fruto injustificável dentre os frutos,
Montão de estercorária argila preta,
Excrescência de terra singular.

Deixa a tua alegria aos seres brutos.
Porque, na superfície do planeta,
Tu só tens um direito: — o de chorar!

MINHA FINALIDADE

Turbilhão teleológico incoercível,
Que força alguma inibitória acalma,
Levou-me o crânio e pôs-lhe dentro a palma
Dos que amam apreender o Inapreensível!

Predeterminação imprescriptível
Oriunda da infra-astral Substância calma
Plasmou, aparelhou, talhou minha alma
Para cantar de preferência o Horrível!

Na canonização emocionante,
Da dor humana, sou maior que Dante,
— A águia dos latifúndios florentinos!

Sistematizo, soluçando, o Inferno...
E trago em mim, num sincronismo eterno
A fórmula de todos os destinos!

NUMA FORJA

De inexplicáveis ânsias prisioneiro
Hoje entrei numa forja, ao meio-dia.
Trinta e seis graus à sombra. O éter possuía
A térmica violência de um braseiro.
    Dentro, a cuspir escórias
    De fúlgida limalha
Dardejando centelhas transitórias,
No horror da metalúrgica batalha
    O ferro chiava e ria!

Ria, num sardonismo doloroso
    De ingênita amargura,
    Da qual, bruta, provinha
Como de um negro cáspio de água impura
A multissecular desesperança
    De sua espécie abjeta
Condenada a uma estática mesquinha!

Ria com essa metálica tristeza
    De ser na Natureza,
    Onde a Matéria avança
    E a Substância caminha
Aceleradamente para o gozo
    Da integração completa.
Uma consciência eternamente obscura!

O ferro continuava a chiar e a rir.
    E eu nervoso, irritado,
    Quase com febre, a ouvir
    Cada átomo de ferro
    Contra a incude esmagado
    Sofrer, berrar, tinir.

Compreendia por fim que aquele berro
À substância inorgânica arrancado
Era a dor do minério castigado
Na impossibilidade de reagir!

Era um cosmos inteiro sofredor,
Cujo negror profundo
Astro nenhum exorna
Gritando na bigorna
Asperamente a sua própria dor!
Era, erguido do pó,
Inopinadamente
Para que à vida quente
Da sinergia cósmica desperte,
A ansiedade de um mundo
Doente de ser inerte,
Cansado de estar só!

Era a revelação
De tudo que ainda dorme
No metal bruto ou na geleia informe
No parto primitivo da Criação!
Era o ruído-clarão,
— O ígneo jato vulcânico
Que, atravessando a absconsa cripta enorme
De minha cavernosa subconsciência,
Punha em clarividência
Intramoleculares sóis acesos
Perpetuamente às mesmas formas presos,
Agarrados à inércia do Inorgânico
Escravos da Coesão!

Repuxavam-me a boca hórridos trismos
E eu sentia, afinal,
Essa angústia alarmante
Própria de alienação raciocinante,
Cheia de ânsias e medos
Com crispações nos dedos
Piores que os paroxismos
Da árvore que a atmosfera ultriz destronca.
A ouvir todo esse cosmos potencial,
Preso aos mineralógicos abismos
Angustiado e arquejante
A debater-se na estreiteza bronca
De um bloco de metal!

Como que a forja tétrica
Num estridor de estrago
Executava, em lúgubre *crescendo*
A antífona assimétrica
E o incompreensível wagnerismo aziago
De seu destino horrendo!

Ao clangor de tais carmes de martírio
Em cismas negras eu recaio imerso
Buscando no delírio
De uma imaginação convulsionada
Mais revolta talvez de que a onda atlântica
Compreender a semântica
Dessa aleluia bárbara gritada
Às margens glacialíssimas do Nada
Pelas coisas mais brutas do Universo!

NOLI ME TANGERE

A exaltação emocional do Gozo,
O Amor, a Glória, a Ciência, a Arte e a Beleza
Servem de combustíveis à ira acesa
Das tempestades do meu ser nervoso!

Eu sou, por consequência, um ser monstruoso!
Em minha arca encefálica indefesa
Choram as forças más da Natureza
Sem possibilidades de repouso!

Agregados anômalos malditos
Despedaçam-se, mordem-se, dão gritos
Nas minhas camas cerebrais funéreas...

Ai! Não toqueis em minhas faces verdes,
Sob pena, homens felizes, de sofrerdes
A sensação de todas as misérias!

O CANTO DOS PRESOS

Troa, a alardear bárbaros sons abstrusos,
O epitalâmio da Suprema Falta,
Entoado asperamente, em voz muito alta,
Pela promiscuidade dos reclusos!

No wagnerismo desses sons confusos,
Em que o Mal se engrandece e o Ódio se exalta,
Uiva, à luz de fantástica ribalta,
A ignomínia de todos os abusos!

É a prosódia do cárcere, é a partênea
Aterradoramente heterogênea
Dos grandes transviamentos subjetivos...

É a saudade dos erros satisfeitos,
Que, não cabendo mais dentro dos peitos,
Se escapa pela boca dos cativos!

ABERRAÇÃO

Na velhice automática e na infância,
(Hoje, ontem, amanhã e em qualquer era)
Minha hibridez é a súmula sincera
Das defectividades da Substância:

Criando na alma a estesia abstrusa da ânsia,
Como Belerofonte com a Quimera
Mato o ideal; cresto o sonho; achato a esfera
E acho odor de cadáver na fragrância!

Chamo-me Aberração. Minha alma é um misto
De anomalias lúgubres. Existo
Como a cancro, a exigir que os sãos enfermem...

Teço a infâmia; urdo o crime, engendro o lodo
E nas mudanças do Universo todo
Deixo inscrita a memória do meu gérmen!

VÍTIMA DO DUALISMO

Ser miserável dentre os miseráveis
— Carrego em minhas células sombrias
Antagonismos irreconciliáveis
E as mais opostas idiosincrasias!

Muito mais cedo do que o imagináveis
Eis-vos, minha alma, enfim, dada às bravias
Cóleras dos dualismos implacáveis
E à gula negra das antinomias!

Psique biforme, O Céu e o Inferno absorvo...
Criação a um tempo escura e cor-de-rosa,
Feita dos mais variáveis elementos,

Ceva-se em minha carne, como um corvo,
A simultaneidade ultramonstruosa
De todos os contrastes famulentos!

AO LUAR

Quando, à noite, o Infinito se levanta
À luz do luar, pelos caminhos quedos
Minha tátil intensidade é tanta
Que eu sinto a alma do Cosmos nos meus dedos!

Quebro a custódia dos sentidos tredos
E a minha mão, dona, por fim, de quanta
Grandeza o Orbe estrangula em seus segredos,
Todas as coisas íntimas suplanta!

Penetro, agarro, ausculto, apreendo, invado
Nos paroxismos da hiperestesia,
Infinitésimo e o Indeterminado...

Transponho ousadamente o átomo rude
E, transmudado em rutilância fria,
Encho o Espaço com a minha plenitude!

A UM EPILÉPTICO

Perguntas quem sou?! — ao suor que te unta,
À dor que os queixos te arrebenta, aos trismos
Da epilepsia horrenda, e nos abismos
Ninguém responderá sua pergunta!

Reclamada por negros magnetismos
Tua cabeça há de cair, defunta
Na aterradora operação conjunta
Da tarefa animal dos organismos!

Mas após o antropófago alambique
Em que é mister todo o teu corpo fique
Reduzido a excreções de sânie e lodo.

Como a luz que arde, virgem, num monturo.
Tu hás de entrar completamente puro
Para a circulação do Grande Todo!

CANTO DE ONIPOTÊNCIA

Cloto, Átropos, Tifon, Laquesis, Siva...
E acima deles, como um astro, a arder,
Na hiperculminação definitiva
O meu supremo e extraordinário Ser!

Em minha sobre-humana retentiva
Brilhavam, como a luz do amanhecer,
A perfeição virtual tornada viva
E o embrião do que podia acontecer!

Por antecipação divinatória,
Eu, projetado muito além da História,
Sentia dos fenômenos o fim...

A coisa em si movia-se aos meus brados
E os acontecimentos subjugados
Olhavam como escravos para mim!

MINHA ÁRVORE

Olha: É um triângulo estéril de ínvia estrada!
Como que a erva tem dor... Roem-na amarguras
Talvez humanas, e entre rochas duras
Mostra ao Cosmos a face degradada!

Entre os pedrouços maus dessa morada
É que, às apalpadelas e às escuras,
Hão de encontrar as gerações futuras
Só, minha árvore humana desfolhada!

Mulher nenhuma afagará meu tronco!
Eu não me abalarei, nem mesmo ao ronco
Do furacão que, rábido, remoinha...

Folhas e frutos, sobre a terra ardente
Hão de encher outras árvores! Somente
Minha desgraça há de ficar sozinha!

ANSEIO

Quem sou eu, neste ergástulo das vidas
Danadamente, a soluçar de dor?!
— Trinta trilhões de células vencidas,
Nutrindo uma efeméride interior.

Branda, entanto, a afagar tantas feridas,
A áurea mão taumatúrgica do Amor
Traça, nas minhas formas carcomidas,
A estrutura de um mundo superior!

Alta noite, esse mundo incoerente
Essa elementaríssima semente
Do que hei de ser, tenta transpor o Ideal...

Grita em meu grito, alarga-se em meu hausto,
E, ai! como eu sinto no esqueleto exausto
Não poder dar-lhe vida material!

À MESA

Cedo à sofreguidão do estômago. É a hora
De comer. Coisa hedionda! Corro. E agora,
Antegozando a ensanguentada presa,
Rodeado pelas moscas repugnantes,
Para comer meus próprios semelhantes
    Eis-me sentado à mesa!

Como porções de carne morta... Ai! Como
Os que, como eu, têm carne, com este assomo
Que a espécie humana em comer carne tem!...
Como! É pois que a Razão me não reprime,
Possa a terra vingar-se do meu crime
    Comendo-me também.

MÃOS

Há mãos que fazem medo
Feias agregações pentagonais.
Umas, em sangue, a delinquentes natos.
Assinalados pelo mancinismo.
Pertencentes talvez...
Outras, negras, a farpas de rochedo
Completamente iguais...
Mãos de linhas análogas e anfratos
Que a Natureza onicriadora fez
Em contraposição e antagonismo
Às da estrela, às da neve, às dos cristais.

Mãos que adquiriram olhos, pituitárias
Olfativas, tentáculos sutis,
E à noite, vão cheirar, quebrando portas
O azul gasofiláceo silencioso
Dos tálamos cristãos.
Mãos adúlteras, mãos mais sanguinárias
E estupradoras do que os bisturis
Cortando a carne em flor das crianças mortas.
Monstruosíssimas mãos.
Que apalpam e olham com lascívia e gozo
A pureza dos corpos infantis.

REVELAÇÃO

I

Escafandrista de insondado oceano
Sou eu que, aliando Buda ao sibarita,
Penetro a essência plásmica infinita,
— Mãe promíscua do amor e do ódio insano!

Sou eu que, hirto, auscultando o absconso arcano,
Por um poder de acústica esquisita.
Ouço o universo ansioso que se agita
Dentro de cada pensamento humano!

No abstrato abismo equóreo, em que me inundo,
Sou eu que, revolvendo o *ego* profundo
E a escuridão dos cérebros medonhos,

Restituo triunfalmente à esfera calma
Todos os cosmos que circulam na alma
Sob a forma embriológica de sonhos!

II

Treva e fulguração; sânie e perfume;
Massa palpável e éter; desconforto
E ataraxia; feto vivo e aborto...
— Tudo a unidade do meu ser resume!

Sou eu que, ateando da alma o ocíduo lume,
Apreendo, em cisma abismadora absorto,
A potencialidade do que é morto
E a eficácia prolífica do estrume!

Ah! Sou eu que, transpondo a escarpa angusta
Dos limites orgânicos estreitos,
Dentro dos quais recalco em vão minha ânsia,

Sinto bater na putrescível crusta
Do tegumento que me cobre os peitos
Toda a imortalidade da Substância!

VERSOS A UM COVEIRO

Numerar sepulturas e carneiros,
Reduzir carnes podres a algarismos,
Tal é, sem complicados silogismos.
A aritmética hedionda dos coveiros!

Um, dois, três, quatro, cinco... Esoterismos
Da Morte! E eu vejo, em fúlgidos letreiros,
Na progressão dos números inteiros
A gênese de todos os abismos!

Oh! Pitágoras da última aritmética,
Continua a contar na paz ascética
Dos tábidos carneiros sepulcrais:

Tíbias, cérebros, crânios, rádios e úmeros,
Porque, infinita como os próprios números.
A tua conta não acaba mais!

TREVAS

Haverá, por hipótese, nas geenas
Luz bastante fulmínea que transforme
Dentro da noite cavernosa e enorme
Minhas trevas anímicas serenas?!

Raio horrendo haverá que as rasgue apenas?!
Não! Porque, na abismal substância informe,
Para convulsionar a alma que dorme
Todas as tempestades são pequenas!

Há de a Terra vibrar na ardência infinda
Do éter em branca luz transubstanciado,
Rotos os nimbos maus que a obstruem a esmo...

A própria Esfinge há de falar-vos ainda
E eu, somente eu, hei de ficar trancado
Na noite aterradora de mim mesmo!

AS MONTANHAS

I

Das nebulosas em que te emaranhas
Levanta-te, alma, e dize-me, afinal,
Qual é, a natureza espiritual,
A significação dessas montanhas!

Quem não vê nas graníticas entranhas
A subjetividade ascensional
Paralisada e estrangulada, mal
Quis erguer-se a cumiadas tamanhas?!

Ah! Nesse anelo trágico de altura
Não serão as montanhas, porventura,
Estacionadas, íngremes, assim.

Por um abortamento de mecânica,
A representação ainda inorgânica
De tudo aquilo que parou em mim?!

II

Agora, oh! deslumbrada alma, perscruta
O puerpério geológico interior,
De onde rebenta, em contrações de dor,
Toda a sublevação da crusta hirsuta!

No curso inquieto da terráquea luta
Quantos desejos férvidos de amor
Não dormem, recalcados, sob o horror
Dessas agregações de pedra bruta?!

Como nesses relevos orográficos,
Inacessíveis aos humanos tráficos
Onde sóis, em semente, amam jazer,

Quem sabe, alma, se o que ainda não existe
Não vive em gérmen no agregado triste
Da síntese sombria do meu Ser?!

APOCALIPSE

Minha divinatória Arte ultrapassa
Os séculos efêmeros e nota
Diminuição dinâmica, derrota
Na atual força, integérrima, da Massa.

É a subversão universal que ameaça
A Natureza, e, em noite aziaga e ignota,
Destrói a ebulição que a água alvorota
E põe todos os astros na desgraça!

São despedaçamentos, derrubadas,
Federações sidéricas quebradas...
E eu só, o último a ser, pelo orbe adiante,

Espião da cataclísmica surpresa,
A única luz tragicamente acesa
Na universalidade agonizante!

A NAU

A Heitor Lima

Sôfrega, alçando o hirto esporão guerreiro,
Zarpa. A íngreme cordoalha úmida fica...
Lambe-lhe a quilha a espúmea onda impudica
E ébrios tritões, babando, haurem-lhe o cheiro!

Na glauca artéria equórea ou no estaleiro
Ergue a alta mastreação, que o Éter indica,
E estende os braços da madeira rica
Para as populações do mundo inteiro!

Aguarda-a ampla reentrância de angra horrenda,
Pára e, a amarra agarrada à âncora, sonha!
Mágoas, se as tem, subjugue-as ou disfarce-as...

E não haver uma alma que lhe entenda
A angústia transoceânica medonha
No rangido de todas as enxárcias!

VOLÚPIA IMORTAL

Cuidas que o genesíaco prazer,
Fome do átomo e eurítmico transporte
De todas as moléculas, aborte
Na hora em que a nossa carne apodrecer?!

Não! Essa luz radial, em que arde o Ser,
Para a perpetuação da Espécie forte,
Tragicamente, ainda depois da morte,
Dentro dos ossos, continua a arder!

Surdos destarte a apóstrofes e brados,
Os nossos esqueletos descarnados,
Em convulsivas contorções sensuais,

Haurindo o gás sulfídrico das covas,
Com essa volúpia das ossadas novas
Hão de ainda se apertar cada vez mais!

O FIM DAS COISAS

Pode o homem bruto, adstrito à ciência grave,
Arrancar, num triunfo surpreendente,
Das profundezas do Subconsciente
O milagre estupendo da aeronave!

Rasgue os broncos basaltos negros, cave,
Sôfrego, o solo sáxeo; e, na ânsia ardente
De perscrutar o íntimo do orbe, invente
A lâmpada aflogística de Davy!

Em vão! Contra o poder criador do Sonho
O Fim das Coisas mostra-se medonho
Como o desaguadouro atro de um rio...

E quando, ao cabo do último milênio,
A humanidade vai pesar seu gênio
Encontra o mundo, que ela encheu, vazio!

VIAGEM DE UM VENCIDO

Noite. Cruzes na estrada. Aves com frio...
E, enquanto eu tropeçava sobre os paus,
A efígie apocalíptica do Caos
Dançava no meu cérebro sombrio!

O Céu estava horrivelmente preto
E as árvores magríssimas lembravam
Pontos de admiração que se admiravam
De ver passar ali meu esqueleto!

Sozinho, uivando *hoffmânnicos* dizeres,
Aprazia-me assim, na escuridão,
Mergulhar minha exótica visão
Na intimidade noumenal dos seres.

Eu procurava, com uma vela acesa,
O feto original, de onde decorrem
Todas essas moléculas que morrem
Nas transubstanciações da Natureza.

Mas o que meus sentidos apreendiam
Dentro da treva lúgubre, era só
O ocaso sistemático de pó,
Em que as formas humanas se sumiam!

Reboava, num ruidoso burburinho
Bruto, análogo ao peã de márcios brados,
A rebeldia dos meus pés danados
Nas pedras resignadas do caminho.

Sentia estar pisando com a planta ávida
Um povo de radículas e embriões
Prestes a rebentar como vulcões,
Do ventre equatorial da terra grávida!

Dentro de mim, como num chão profundo,
Choravam, com soluços quase humanos,
Convulsionando Céus, almas e oceanos
As formas microscópicas do mundo!

Era a larva agarrada a absconsas landes,
Era o abjeto vibrião rudimentar
Na impotência angustiosa de falar,
No desespero de não serem grandes!

Vinha-me à boca, assim, na ânsia dos párias,
Como o protesto de uma raça invicta,
O brado emocionante de vindicta
Das sensibilidades solitárias!

A longanimidade e o vilipêndio,
A abstinência e a luxúria, o bem e o mal
Ardiam no meu orco cerebral,
Numa crepitação própria de incêndio!

Em contraposição à paz funérea,
Doía profundamente no meu crânio
Esse funcionamento simultâneo
De todos os conflitos da matéria!

Eu, perdido no Cosmos, me tornara
A assembleia belígera malsã,
Onde Ormuzd guerreava com Arimã,
Na discórdia perpétua do *sansara*!

Já me fazia medo aquela viagem
A carregar nelas ladeiras tétricas,
Na óssea armação das vértebras simétricas
A angústia da biológica engrenagem!

No Céu, de onde se vê o Homem de rastros.
Brilhava, vingadora, a esclarecer
As manchas subjetivas do meu ser
A espionagem fatídica dos astros!

Sentinelas de espíritos e estradas,
Noite alta, com a sidérica lanterna,
Eles entravam todos na caverna
Das consciências humanas mais fechadas!

Ao castigo daquela rutilância,
Maior que o olhar que perseguiu Caim,
Cumpria-se afinal dentro de mim
O próprio sofrimento da Substância!

Como quem traz ao dorso muitas cargas
Eu sofria, ao colher simples gardênia,
A multiplicidade heterogênea
De sensações diversamente amargas.

Mas das árvores, frias como lousas.
Fluía, horrenda e monótona, uma voz
Tão grande, tão profunda, tão feroz
Que parecia vir da alma das cousas:

"Se todos os fenômenos complexos,
Desde a consciência à antítese dos sexos
Vêm de um dínamo fluídico de gás,
Se hoje, obscuro, amanhã píncaros galgas,
A humildade botânica das algas
De que grandeza não será capaz?!

Quem sabe, enquanto Deus, Jeová ou Siva
Oculta à tua força cognitiva
Fenomenalidades que hão de vir,
Se a contração que hoje produz o choro
Não há de ser no século vindouro
Um simples movimento para rir?!

Que espécies outras, do Equador aos polos,
Na prisão milenária dos subsolos,
Rasgando avidamente o húmus malsão,
Não trabalham, com a febre mais bravia,
Para erguer, na ânsia cósmica, a Energia
À última etapa da objetivação?!

É inútil, pois, que, a espiar enigmas, entres
Na química genésica dos ventres,
Porque em todas as coisas, afinal,
Crânio, ovário, montanha, árvore, *iceberg,*

Tragicamente, diante do Homem, se ergue
A esfinge do Mistério Universal!

A própria força em que teu Ser se expande,
Para esconder-se nessa esfinge grande,
Deu-te (oh! mistério que se não traduz!)
Neste astro ruim de tênebras e abrolhos
A efeméride orgânica dos olhos
E o simulacro atordoador da Luz!

Por isso, oh! filho dos terráqueos limos,
Nós, arvoredos desterrados, rimos
Das vãs diatribes com que aturdes o ar...
Rimos, isto é, choramos, porque, em suma,
Rir da desgraça que de ti ressuma
É quase a mesma coisa que chorar!"

Às vibrações daquele horrível carme
Meu dispêndio nervoso era tamanho
Que eu sentia no corpo um vácuo estranho
Como uma boca sôfrega a esvaziar-me!

Na avançada epiléptica dos medos
Cria ouvir, a escalar Céus e apogeus,
A voz cavernosíssima de Deus,
Reproduzida pelos arvoredos!

Agora, astro decrépito, em destroços,
Eu, desgraçadamente magro, a erguer-me,
Tinha necessidade de esconder-me
Longe da espécie humana, com os meus ossos!

Restava apenas na minha alma bruta
Onde frutificara outrora o Amor
Uma volicional fome interior
De renúncia budística absoluta!

Porque, naquela noite de ânsia e inferno,
Eu fora, alheio ao mundanário ruído,
A maior expressão do homem vencido
Diante da sombra do Mistério Eterno!

A NOITE

A nebulosidade ameaçadora
Tolda o éter, mancha a gleba, agride os rios
E urde amplas teias de carvões sombrios
No ar que álacre e radiante, há instantes, fora.

A água transubstancia-se. A onda estoura
Na negridão do oceano e entre os navios
Troa bárbara zoada de ais bravios,
Extraordinariamente atordoadora.

À custódia do anímico registro
A planetária escuridão se anexa...
Somente, iguais a espiões que acordam cedo,

Ficam brilhando com fulgor sinistro
Dentro da treva onímoda e complexa
Os olhos fundos dos que estão com medo!

A OBSESSÃO DO SANGUE

Acordou, vendo sangue... Horrível! O osso
Frontal em fogo... Ia talvez morrer,
Disse. Olhou-se no espelho. Era tão moço,
Ah! Certamente não podia ser!

Levantou-se. E, eis que viu, antes do almoço,
Na mão dos açougueiros, a escorrer
Fita rubra de sangue muito grosso,
A carne que ele havia de comer!

No inferno da visão alucinada,
Viu montanhas de sangue enchendo a estrada,
Viu vísceras vermelhas pelo chão...

E amou, com um berro bárbaro de gozo,
O monocromatismo monstruoso
Daquela universal vermelhidão!

VOX VICTIMAE

Morto! Consciência quieta haja o assassino
Que me acabou, dando-me ao corpo vão
Esta volúpia de ficar no chão
Fruindo na tabidez sabor divino!

Espiando o meu cadáver ressupino,
No mar da humana proliferação,
Outras cabeças aparecerão
Para compartilhar do meu destino!

Na festa genetlíaca do Nada,
Abraço-me com a terra atormentada
Em contubérnio convulsionador...

E ai! Como é boa esta volúpia obscura
Que une os ossos cansados da criatura
Ao corpo ubiquitário do Criador!

O ÚLTIMO NÚMERO

Hora da minha morte. Hirta, ao meu lado,
A Ideia estertorava-se... No fundo
Do meu entendimento moribundo
Jazia o Último Número cansado.

Era de vê-lo, imóvel, resignado,
Tragicamente de si mesmo oriundo,
Fora da sucessão, estranho ao mundo,
Com o reflexo fúnebre do Incriado:

Bradei: — Que fazes ainda no meu crânio?
E o Último Número, atro e subterrâneo,
Parecia dizer-me: “É tarde, amigo!

Pois que a minha antogênica Grandeza
Nunca vibrou em tua língua presa,
Não te abandono mais! Morro contigo!”

POEMAS ESQUECIDOS

MÁGOAS

Quando nasci, num mês de tantas flores,
Todas murcharam, tristes, langorosas,
Tristes fanaram redolentes rosas,
Morreram todas, todas sem olores.

Mais tarde da existência nos verdores
Da infância nunca tive as venturosas
Alegrias que passam bonançosas,
Oh! Minha infância nunca tive flores!

Volvendo à quadra azul da mocidade,
Minh'alma levo aflita à Eternidade,
Quando a morte matar meus dissabores.

Cansado de chorar pelas estradas,
Exausto de pisar mágoas pisadas,
Hoje eu carrego a cruz de minhas dores!

O CONDENADO

Folga a justiça e geme a natureza
Bocage

Alma feita somente de granito,
Condenada a sofrer cruel tortura
Pela rua sombria d'amargura
— Ei-lo que passa — réprobo maldito.

Olhar ao chão cravado e sempre fito,
Parece contemplar a sepultura
Das suas ilusões que a desventura
Desfez em pó no hórrido delito.

E, à cruz da expiação subindo mudo,
A vida a lhe fugir já sente prestes
Quando ao golpe do algoz, calou-se tudo.

O mundo é um sepulcro de tristeza.
Ali, por entre matas de ciprestes,
Folga a justiça e geme a natureza.

SONETO

Ouvi, senhora, o cântico sentido
Do coração que geme e s'estertora
N'ânsia letal que mata e que o devora
E que tornou-o assim, triste e descrido.

Ouvi, senhora, amei; de amor ferido,
As minhas crenças que alentei outrora
Rolam dispersas, pálidas agora,
Desfeitas todas num guaiar dorido.

E como a luz do sol vai-se apagando!
E eu triste, triste pela vida afora,
Eterno pegureiro caminhando.

Revolvo as cinzas de passadas eras,
Sombrio e mudo e glacial, senhora,
Como um coveiro a sepultar quimeras!

INFELIZ

Alma viúva das paixões da vida,
Tu que, na estrada da existência em fora,
Cantaste e riste, e na existência agora
Triste soluças a ilusão perdida:

Oh! tu, que na grinalda emurchecida
De teu passado de felicidade
Foste juntar os goivos da Saudade
Às flores da Esperança enlanguescida:

Se nada te aniquila o desalento
Que te invade, e pesar negro e profundo,
Esconde à Natureza o sofrimento,

E fica no teu ermo entristecida,
Alma arrancada do prazer do mundo,
Alma viúva das paixões da vida.

SONETO

N'Augusta solidão dos cemitérios,
Resvalando nas sombras dos ciprestes,
Passam meus sonhos sepultados nestes
Brancos sepulcros, pálidos, funéreos.

São minhas crenças divinais, ardentes
— Alvos fantasmas pelos merencórios
Túmulos tristes, soturnais, silentes,
Hoje rolando nos umbrais marmóreos,

Quando da vida, no eternal soluço,
Eu choro e gemo e triste me debruço
Na laje fria dos meus sonhos pulcros,

Desliza então a lúgubre coorte.
E rompe a orquestra sepulcral da morte,
Quebrando a paz suprema dos sepulcros.

NOIVADO

Os namorados ternos suspiravam,
Quando há de ser o venturoso dia?!
Quando há de ser?! O noivo então dizia
E a noiva e ambos d'amores s'embriagavam.

E a mesma frase o noivo repetia;
Fora no campo pássaros trinavam.
Quando há de ser?! E os pássaros falavam,
Há de chegar, a brisa respondia.

Vinha rompendo a aurora majestosa,
Dos rouxinóis ao sonoroso harpejo
E a luz do sol vibrava esplendorosa.

Chegara enfim o dia desejado,
Ambos unidos, soluçara um beijo,
Era o supremo beijo de noivado!

SONETO

No meu peito arde em chamas abrasada
A pira da vingança reprimida,
E em centelhas de raiva ensurdecida
A vingança suprema e concentrada

E espuma e ruge a cólera entranhada,
Como no mar a vaga embravecida
Vai bater-se na rocha empedernida,
Espumando e rugindo em marulhada

Mas se das minhas dores ao calvário,
Eu subo na atitude dolorida
De um Cristo a redimir um mundo vário,

Em luta co'a natura sempiterna,
Já que do mundo não vinguei-me em vida,
A morte me será vingança eterna.

TRISTE REGRESSO

Uma vez um poeta, um tresloucado,
Apaixonou-se d'uma virgem bela;
Vivia alegre o vate apaixonado,
Louco vivia, enamorado dela.

Mas a Pátria chamou-o. Era soldado.
E tinha que deixar pra sempre aquela
Meiga visão, olímpica e singela?!
E partiu, coração amargurado.

Dos canhões ao ribombo, e das metralhas,
Altivo lutador, venceu batalhas,
Juncou-lhe a fronte aurifulgente estrela.

E voltou, mas a fronte aureolada,
Ao chegar, pendeu triste e desmaiada,
No sepulcro da loura virgem bela.

AMOR E RELIGIÃO

Conheci-o: era um padre, um desses santos
Sacerdotes da Fé de crença pura,
Da sua fala na eternal doçura
Falava o coração. Quantos, oh! Quantos

Ouviram dele frases de candura
Que d'infelizes enxugavam prantos!
E como alegres não ficaram tantos
Corações sem prazer e sem ventura!

No entanto dizem que este padre amara.
Morrera um dia desvairado, estulto,
Su'alma livre para o céu se alara.

E Deus lhe disse: "És duas vezes santo,
Pois se da Religião fizeste culto,
Foste do amor o mártir sacrossanto".

SONETO

Ao meu prezado irmão Alexandre Júnior
pelas nove primaveras que hoje completou.

Canta no espaço a passarada e canta
Dentro do peito o coração contente,
Tu'alma ri-se descuidosamente,
Minh'alma alegre no teu rir s'encanta.

Irmão querido, bom Papá, consente
Que neste dia de ventura tanta
Vá, num abraço de ternura santa,
Mostrar-te o afeto que meu peito sente.

Somente assim festejarei teus anos;
Enquanto outros podem, dão-te enganos,
Joias, bonecos de formoso busto,

Eu só encontro no primor da rima
A justa oferta, a joia que te exprima
O amor fraterno do teu mano.

Augusto

SAUDADE

Hoje que a mágoa me apunhala o seio,
E o coração me rasga atroz, imensa,
Eu a bendigo da descrença em meio,
Porque eu hoje só vivo da descrença.

À noite quando em funda soledade
Minh'alma se recolhe tristemente,
Pra iluminar-me a alma descontente,
Se acende o círio triste da Saudade.

E assim afeito às mágoas e ao tormento,
E à dor e ao sofrimento eterno afeito,
Para dar vida à dor e ao sofrimento,

Da saudade na campa enegrecida
Guardo a lembrança que me sangra o peito,
Mas que no entanto me alimenta a vida.

A ESMOLA DE DULCE

Ao Alfredo A.

E todo o dia eu vou como um perdido
De dor, por entre a dolorosa estrada,
Pedir a Dulce, a minha bem amada
A esmola dum carinho apetecido.

E ela fita-me, o olhar enlanguescido,
E eu balbucio trêmula balada:
— Senhora dai-me u'a esmola — e estertorada
A minha voz soluça num gemido.

Morre-me a voz, e eu gemo o último harpejo,
Estendendo à Dulce a mão, a fé perdida,
E dos lábios de Dulce cai um beijo.

Depois, como este beijo me consola!
Bendita seja a Dulce! A minha vida
Estava unicamente nessa esmola.

SONETO

Gênio das trevas lúgubres, acolhe-me,
Leva-me o esp'rito dessa luz que mata,
E a alma me ofusca e o peito me maltrata,
E o viver calmo e sossegado tolhe-me!

Leva-me, obumbra-me em teu seio, acolhe-me
N'asa da Morte redentora, e à ingrata
Luz deste mundo em breve me arrebata
E num *pallium* de tênebras recolhe-me!

Aqui há muita luz e muita aurora,
Há perfumes d'amor - venenos d'alma
E eu busco a plaga onde o repouso mora.

E as trevas moram, e, onde d'água raso
O olhar não trago, nem me turba a calma
A aurora deste amor que é o meu ocaso!

O MAR

O mar é triste como um cemitério;
Cada rocha é uma eterna sepultura
Banhada pela imácula brancura
De ondas chorando num alvor etéreo.

Ah! dessas vagas no bramir funéreo
Jamais vibrou a sinfonia pura
Do Amor; lá, só descanta, dentre a escura
Treva do oceano, a voz do meu saltério!

Quando a cândida espuma dessas vagas,
Banhando a fria solidão das fragas,
Onde a quebrar-se tão fugaz se esfuma,

Reflete a luz do sol que já não arde,
Treme na treva a púrpura da tarde,
Chora a Saudade envolta nesta espuma!

SONETO

Aurora morta, foge! Eu busco a virgem loura
Que fugiu-me do peito ao teu clarão de morte
E Ela era a minha estrela, o meu único Norte,
O grande Sol de afeto — o Sol que as almas doura!

Fugiu... E em si levou a Luz consoladora
Do amor — esse clarão eterno d'alma forte —
Astro da minha Paz, Sírius da minha Sorte
E da Noite da vida a Vênus redentora.

Agora, oh! minha Mágoa, agita as tuas asas,
Vem! Rasga deste peito as nebulosas gazas
E, num pálio auroral de Luz deslumbrada,

Ascende à Claridade. Adeus oh! Dia escuro,
Dia do meu Passado! Irrompe, meu Futuro;
Aurora morta, foge — eu busco a virgem loura!

SONETO

Canta teu riso esplêndido sonata,
E há, no teu riso de anjos encantados,
Como que um doce tilintar de prata
E a vibração de mil cristais quebrados.

Bendito o riso assim que se desata
— Cítara suave dos apaixonados,
Sonorizando os sonhos já passados,
Cantando sempre em trínula volata!

Aurora ideal dos dias meus risonhos,
Quando, úmido de beijos em ressábios
Teu riso espanta, despertando sonhos...

Ah! Num delíquio de ventura louca,
Vai-se minh'alma toda nos teus beijos,
Ri-se o meu coração na tua boca!

CRAVO DE NOIVA

Aos Dias Paredes

Cravo de noiva. A nívea cor de cera
Que o seu seio branqueja, é como os prantos
Níveos, que a virgem chora, entre os encantos
Dum noivado risonho em primavera.

Flor de mistérios d'alma, sacrossantos,
Guarda segredos divinais que eu dera
Duas vidas, se duas eu tivera
Pra desvendar os seus segredos santos.

E tudo quer que nessa flor se enleve
O poeta. É que dessa concha armínea,
Da lactescência angélica da neve,

Se evolam castos, virginais aromas
De essência estranha, olências de virgínea
Carne fremindo num langor de poemas.

PLENILÚNIO

Desmaia o plenilúnio. A gaze pálida
Que lhe serve de alvíssimo sudário
Respira essências raras, toda a cálida
Mística essência desse alampadário.

E a lua é como um pálido sacrário,
Onde as almas das virgens em crisálida
De seios alvos e de fronte pálida,
Derramam a urna dum perfume vário.

Voga a lua na etérea imensidade!
Ela, eterna noctâmbula do Amor,
Eu, noctâmbulo da Dor e da Saudade.

Ah! Como a branca e merencória lua,
Também envolta num sudário - a Dor.
Minh'alma triste pelos céus flutua!

CÍTARA MISTICA

Cantas... E eu ouço etérea cavatina!
Há nos teus lábios — dois sangrentos círios —
A gêmea florescência de dois lírios
Entrelaçados numa unção divina.

Como o santo levita dos Martírios,
Rendo piedosa dúlia peregrina
À tua doce voz que me fascina,
— Harpa virgem brandindo mil delírios!

Quedo-me aos poucos, penseroso e pasmo,
E a Noite afeia como num sarcasmo
E agora a sombra vesperal morreu...

Chegou a Noite... E para mim, meu anjo.
Teu canto agora é um salmodiar de arcanjo,
É a música de Deus que vem do Céu!

SÚPLICA NUM TÚMULO

Maria, eis-me a teus pés. Eu venho arrependido,
Implorar-te o perdão do imenso crime meu!
Eis-me, pois, a teus pés, perdoa o teu vencido,
Açucena de Deus, lírio morto do Céu!

Perdão! E a minha voz estertora um gemido,
E o lábio meu pra sempre apartado do teu
Não há de beijar mais o teu lábio querido!
Ah! Quando tu morreste, o meu Sonho morreu!

Perdão, pátria da Aurora exilada do Sonho!
— Irei agora, assim, pelo mundo, para onde
Me levar o Destino abatido e tristonho...

Perdão! E este silêncio e esta tumba que cala!
Insânia, insânia, insânia, ah! ninguém me responde...
Perdão! E este sepulcro imenso que não fala!

AFETOS

Bendito o amor que infiltra n'alma o enleio
E santifica da existência o cardo,
— Amor que é mirra e que é sagrado nardo,
Turificando a languidez do seio!

O amor, porém, que da Desgraça veio
Maldito seja, seja como o fardo
Desta descrença funeral em que ardo
E com que o fogo da paixão ateio!

Funambulescamente a alma se atira
À luta das paixões, e, como a Aurora
Que ao beijo vesperal anseia e expira,

Desce para a alma o ocaso da Carícia
Ora em sonhos de Dor, supremos, e ora
Em contorções supremas de Delícia!

MARTÍRIO SUPREMO

Duma Quimera ao fascinante abraço,
Por um Cocito ardente e luxurioso.
Onde nunca gemeu o humano passo,
Transpus um dia o Inferno Azul do Gozo!

O amor em larvas de cadência d'aço,
Banhar-me o peito... E ânsia de repouso,
Da Messalina fria no regaço,
Chora saudades do terreno pouso!

Como um mártir de estranho sacrifício,
Tinha os lábios crestados pela ardência
Da luz letal do grande Sol do Vício!

E mergulhei mais fundo no estuário...
Mas, no Inferno do Gozo, sem Calvário,
Cristo d'amor morri pela inocência!

RÉGIO

Festa no paço! Noite... E no entretanto
Luzes, flores, clarões por toda a festa
E há nos régios salões, em cada aresta,
Credências d'ouro de supremo encanto.

No baldaquino a orquestra real se apresta
E o áureo dossel finge um relevo santo...
— Bissos egípcios d`alto gosto, a um canto,
Flordilisados de nelumbo e giesta.

Morreu a noite e veio o Sol Eterno
— Âmbar de sangue que desceu do Inferno
No turbilhão dos alvos raios diurnos...

Brilham no paço refulgências de elmo
E a princesa assomou como um santelmo
Na realeza branca dos coturnos.

MÁRTIR DA FOME

Nesta da vida lúgubre caverna
De ossos e frios funerais que eu sinto
Como um chacal saciando o eterno instinto
Vou saciando a minha Fome Eterna.

— Fome de sangue de um Passado extinto,
De extintas crenças — bacanal superna,
Horrível assim como a Hidra de Lerna
E muda como o bronze de Corinto!

Ânsias de sonhos, desespero fundo!
E a alma que sonha no marnel do Mundo,
Morre de Fome pelas noites belas...

E como o Cristo — Mártir do Calvário
Morre. E no entanto vai para o estelário
Matar a Fome num festim de estrelas!

FESTIVAL

Para Jônatas Costa

Címbalos soam no salão. O dia
Foge, e ao compasso de arrabis serenos
A valsa rompe, em compassados trenos
Sobre os veludos da tapeçaria.

Estatuetas de mármore de Lemnos
Estão dispostas numa simetria
Inconfundível, recordando a estria
Dos corpos de Afrodite e Vênus.

Fulgem por entre mil cristais vermelhos
O alvo cristal dos nítidos espelhos
E a seda verde dos arbustos glabros.

E em meio às refrações verdes e hialinas,
Vibra, batendo em todas as retinas,
A incandescência irial dos candelabros.

NOTURNO

Chove. Lá fora os lampiões escuros
Semelham monjas a morrer... Os ventos,
Desencadeados, vão bater, violentos,
De encontro às torres e de encontro aos muros.

Saio de casa. Os passos mal seguros
Trêmulo movo, mas meus movimentos
Susto, diante do vulto dos conventos,
Negro, ameaçando os séculos futuros!

De São Francisco no plangente bronze
Em badaladas compassadas onze
Horas soaram... Surge agora a Lua.

E eu sonho erguer-me aos páramos etéreos
Enquanto a chuva cai nos cemitérios
E o vento apaga os lampiões da rua!

SONETO

(Feito no decurso de dois minutos, em homenagem ao aniversário natalício de Alexandre Rodrigues dos Anjos - 28 de abril de 1905.)

Para quem tem na vida compreendido
Toda a grandeza da Fraternidade
O aniversário dum irmão querido
A alma de alegres emoções invade.

Depois quando no irmão estremecido
Fazem aliança o gênio e a probidade,
Atinge o amor um grau nunca atingido
No termômetro santo da Amizade.

O Alexandre dos Anjos merecia
Grandes coroas nesse grande dia,
Tesouros reais, auríferos tesouros...

Terá no entanto indubitavelmente
A admiração do século presente
E a sagração dos séculos vindouros!

O NEGRO

Oh! Negro, oh! Filho da Hotentoia ufana
Teus braços brônzeos como dois escudos,
São dois colossos, dois gigantes mudos,
Representando a integridade humana!

Nesses braços de força soberana
Gloriosamente à luz do sol desnudos
Ao bruto encontro dos ferrões agudos
Gemeu por muito tempo a alma africana!

No colorido dos teus brônzeos braços,
Fulge o fogo mordente dos mormaços
Ea chama fulge do solar brasido...

E eu cuido ver os múltiplos produtos
Da Terra — as flores e os metais e os frutos
Simbolizados nesse colorido!

SENECTUDE PRECOCE

Envelheci. A cal da sepultura
Caiu por sobre a minha mocidade...
E eu que julgava em minha idealidade
Ver linda toda a geração futura!

Eu que julgava! Pois não é verdade?!
Hoje estou velho. Olha essa neve pura!
— Foi saudade? Foi dor? — Foi tanta agrura
Que eu nem sei se foi dor ou foi saudade!

Sei que durante toda a travessia
Da minha infância trágica, vivia,
Assim como uma casa abandonada.

Vinte e quatro anos em vinte e quatro horas...
Sei que na infância nunca tive auroras,
E afora disto, eu já nem sei mais nada!

ANDRÉ CHÉNIER

Na real magnificência dos gigantes
Grave como um lacedemônio harmoste
André Chénier ia subir ao poste
A que Luís XVI subira dantes!

Que a sua morte a homem nenhum desgoste
E incite o heroísmo das nações distantes!...
Por isso, ele, a morrer, canta vibrantes
Versos divinos que arrebatam a hoste.

Não há quem nele um só tremor denote!
— Continua a cantar, a alma serena...
Mas, de repente, pressentindo a lousa,

Batendo com a cabeça no barrote
Da guilhotina, diz ao povo: — "E pena!
— Aqui ainda havia alguma cousa..."

MYSTICA VISIO

Vinha passando pelo meu caminho
Um vulto estranhamente iluminado...
Para onde eu ia, o vulto ia a meu lado
E desde então, não andei mais sozinho!

Abraçou-me, beijou-me com um carinho
Que a um ser divino não seria dado...
E eu me elevava, sendo assim beijado
Muito acima do humano burburinho!

Falou-me de ilusões e de luares,
Da tribo alegre que povoa os ares...
— Assombrava-me aquela claridade!

Mas através daquelas falsas luzes
Pude rever enfim todas as cruzes
Que têm pesado sobre a Humanidade!

ILUSÃO

Dizes que sou feliz. Não mentes. Dizes
Tudo que sentes. A infelicidade
Parece às vezes com a felicidade
E os infelizes mostram ser felizes!

Assim, em Tebas — a tumbal cidade,
A múmia de um herói do tempo de Ísis,
Ostenta ainda as mesmas cicatrizes
Que eternizaram sua heroicidade!

Quem vê o herói, inda com o braço altivo,
Diz que ele não morreu, diz que ele é vivo,
E, persuadido fica do que diz...

Bem como tu, que nessa crença infinda
Feliz me viste no Passado, e ainda
Te persuades de que sou feliz!

GOZO INSATISFEITO

Entre o gozo que aspiro, e o sofrimento
De minha mocidade, experimento
O mais profundo e abalador atrito...
Queimam-me o peito cáusticos de fogo
Esta ânsia de absoluto desafogo
Abrange todo o círculo infinito.

Na insaciedade desse gozo falho
Busco no desespero do trabalho,
Sem um domingo ao menos de repouso.
Fazer parar a máquina do instinto,
Mas, quanto mais me desespero, sinto
A insaciabilidade desse gozo!

DOLÊNCIAS

Oh! Lua morta de minha vida,
    Os sonhos meus
Em vão te buscam, andas perdida
E eu ando em busca dos rastos teus...

Vago sem crenças, vagas sem norte,
Cheia de brumas e enegrecida,
Ah! Se morreste pra minha vida!
Vive, consolo de minha morte!

Baixa, portanto, coração ermo
    De lua fria
À plaga triste, plaga sombria
Dessa dor lenta que não tem termo.

Tu que tombaste no caos extremo
Da Noite imensa do meu Passado,
Sabes da angústia do torturado...
Ah! Tu bem sabes por que é que eu gemo!

Instilo mágoas saudoso, e enquanto
Planto saudades num campo morto,
Ninguém ao menos dá-me um conforto,
Um só ao menos! E no entretanto

Ninguém me chora! Ah! Se eu tombar
    Cedo na lida...
Oh! Lua fria vem me chorar
Oh! Lua morta da minha vida!

IDEALIZAÇÕES

A Santos Neto

I

Em vão flameja, rubro, ígneo, sangrento
O sol, e, fulvos, aos astrais desígnios,
Raios flamejam e fuzilam ígneos,
Nas chispas fulvas de um vulcão violento!

É tudo em vão! Atrás da luz dourada
Negras, pompeiam (triste maldição!)
— Asas de corvo pelo coração...
— Crepúsculo fatal vindo do Nada!

Que importa o Sol! A Treva, a Sombra — eis tudo!
E no meu peito — condensada treva
A sombra desce, e o meu pesar se eleva
E chora e sangra, mudo, mudo, mudo...

E há no meu peito — ocaso nunca visto,
Martirizado porque nunca dorme
As Sete Chagas dum martírio enorme,
E os Sete Passos que magoaram Cristo!

II

Agora dorme o astro de sangue e de ouro
Como um sultão cansado! As nuvens como
Odaliscas, da Noite ao negro assomo
Beijam-lhe o corpo ensanguentado d'ouro.

Legiões de névoas mortas e finadas
Como fragmentações d'ouro e basalto
Lembram guirlandas pompeando no Alto
Eterizadas, volaterizadas.

E a Noite emerge, santa e vitoriosa
Dentre um *velarium* de veludos. Atros,
Descem os nimbos... No ar há malabatros
Turiferando a negridão tediosa.

Além, dourando as névoas dos espaços,
Na majestade dum condor bendito,
Subindo à majestade do Infinito,
A Via-Láctea vai abrindo os braços!

Áureas estrelas, alvas, luminosas,
Trazem no peito o branco das manhãs
E dormem brancas como leviatãs
Sobre o oceano astral das nebulosas.

Eu amo a noite que este Sol arranca!
Namoro estrelas... Sírius me deslumbra,
Vésper me encanta, e eu beijo na penumbra
A imagem lirial da Noite Branca.

III

De novo, a Aurora, entre esplendores, há-de
Alva, se erguer, como tombou outrora,
E como a Aurora — o Sol — hóstia da Aurora,
Abençoada pela Eternidade!

E ei-lo de novo, ontem moribundo,
Hoje de novo, curvo ao seu destino,
Fantástico, ciclópico, assassino
Ébrio de fogo, dominando o mundo!

Mas de que serve o Sol, se triste em cada
Raio que tomba no marnel da terra,
Mais em meu peito uma ilusão se enterra,
Mais em minh'alma um desespero brada?!

De que serve, se, à luz áurea que dele
Emana e estua e se refrange e ferve,

A Mágoa ferve e estua, de que serve
Se é desespero e maldição todo ele?!

Pois, de que serve, se, aclarando os cerros
E engalanando os arvoredos gaios,
A alma se abate, como se esses raios
N'alma caindo, se tornassem ferros?!

IV

Poeta, em vão na luz do sol te inflamas,
E nessa luz queimas-te em vão! És todo
Pó, e hás de ser após as chamas, lodo,
Como Herculanum foi após as chamas.

Ah! Como tu, em lodo tudo acaba,
O leão, o tigre, o mastodonte, a lesma,
Tudo por fim há de acabar na mesma
Tênebra que hoje sobre ti desaba.

Ninguém se exime dessa lei imensa
Que, em plena e fulva reverberação,
Arrasta as almas pela Escuridão,
E arrasta os corações pela Descrença.

Ergue, pois, poeta, um pedestal de tanta
Treva e dor tanta, e num supremo e insano
E extraordinário e grande e sobre-humano
Esforço, sobe ao pedestal, e... canta!

Canta a Descrença que passou cortando
As tuas ilusões pelas raízes,
E em vez de chagas e de cicatrizes
Deixar, foi valas funerais deixando.

E foi deixando essas funéreas, frias,
Medonhas valas, onde, como abutres
Medonhos, de ossos, de ilusões te nutres,
Vives de cinzas e de ruinarias!

V

Agora é noite! E na estelar coorte,
Como recordação da festa diurna,
Geme a pungente orquestração noturna
E chora a fanfarra triunfal da Morte.

Então, a Lua que no céu se espalha,
Iluminando as serranias, banha
As serranias duma luz estranha,
Alva como um pedaço de mortalha!

Nessa música que a alma me ilumina
Tento esquecer as minhas próprias dores,
Canto, e minh'alma cobre-se de flores
— Fera rendida à música divina.

Harpas concertam! Brandas melodias
Plangem... Silêncio! Mas de novo as harpas
Reboam pelo mar, pelas escarpas,
Pelos rochedos, pelas penedias...

Eu amo a Noite que este Sol arranca!
Namoro estrelas... Sírius me deslumbra,
Vésper me encanta, e eu beijo na penumbra
A imagem lirial da Noite Branca!

A VITÓRIA DO ESPÍRITO

Era uma preta, funeral mesquita,
Abandonada aos lobos e aos leopardos
Numa floresta lúgubre e esquisita.

Engalanava-lhe as paredes frias
Uma coroa de urzes e de cardos
Coberta em pálio pelas laçarias.

Uma vez, aos lampejos derradeiros
Das irisadas vespertinas velas,
Feras rompiam tojos e balseiros.

E pelas catacumbas desprezadas,
Mochos vagavam como sentinelas,
Em atalaia às gerações passadas!

Um crepúsculo imenso, nunca visto
Tauxiava o Céu de grandes roxos
Da mesma cor da túnica de Cristo.

Fulgia em tudo uma estriação violeta
E um violáceo clarão banhava os mochos
Que em torno estavam da mesquita preta.

Já na eminência da amplidão sidérea
Como uma umbela, se desenrolava
Aesteira astral da retração etérea.

Os astros mortos refulgiam vivos
E a noite, ampla e brilhante, rutilava
Lantejoulada de opalinos crivos.

Súbito alguém, o passo constrangendo,
Parou em frente da mesquita morta...
— Um vento frio começou gemendo.

Era uma viúva, e o olhar errante, a viúva,
Em passo lento, foi transpondo a porta,
Eternamente aberta ao sol e à chuva.

A Lua encheu o espaço sem limites
E, dentro, nos altares esboroados,
Foram caindo como estalactites

Sobre o ouro e a prata das alfaias priscas
Um dilúvio de fósforos prateados
E uma chuva doirada de faíscas.

Fora, entretanto, por um chão de onagras
Vinha passeando como numa viagem
Um grupo feio de panteras magras.

E havia no atro olhar dessas panteras
Essa alegria doida da carnagem
Que é a alegria única das feras.

E ardendo na impulsão das ânsias doidas
E em sevas fúrias, infernais ardendo
Todas as feras, as panteras todas

Avançam para a viúva desvalida.
E raivosas, contra ela, arremetendo,
Tiram-lhe todas ali mesmo a vida.

Morria a noite. As flâmulas altivas
Do sol nascente erguiam-se vermelhas,
Como uma exposição de carnes vivas.

E iam cair em pérolas de sangue
Sobre as asas doiradas das abelhas,
E sobre o corpo da viúva exangue.

ANatureza celebrava a festa
Do astro glorioso em cantos e baladas
— O próprio Deus cantava na floresta!

Nos arvoredos rejuvenescidos,
Estrugiam canções desesperadas
De misereres e de sustenidos,

Além, entanto, na redoma clara
Que envolve a porta da região etérea.
O espírito da viúva se quedara

Ao contemplar dessa fulgente porta
E dessa clara e alva redoma aérea,
No desfilar de sua carne morta
A transitoriedade da matéria!

CANTO ÍNTIMO

Meu amor, em sonhos erra,
Muito longe, altivo e ufano
Do barulho do oceano
E do gemido da terra!

O Sol está moribundo.
Um grande recolhimento
Preside neste momento
Todas as forças do Mundo.

De lá, dos grandes espaços,
Onde há sonhos inefáveis
Vejo os vermes miseráveis
Que hão de comer os meus braços.

Ah! Se me ouvisses falando!
(E eu sei que às dores resistes)
Dir-te-ia coisas tão tristes
Que acabarias chorando.

Que mal o amor me tem feito!
Duvidas?! Pois, se duvidas,
Vem cá, olha estas feridas,
Que o amor abriu no meu peito.

Passo longos dias, a esmo...
Não me queixo mais da sorte
Nem tenho medo da Morte
Que eu tenho a Morte em mim mesmo!

"Meu amor, em sonhos, erra,
Muito longe, altivo e ufano
Do barulho do oceano
E do gemido da terra!"

A LUVA

Para o Augusto Belmont

Pensa na glória! Arfa-lhe o peito, opresso.
— O pensamento é uma locomotiva —
Tem a grandeza duma força viva
Correndo sem cessar para o Progresso.

Que importa que, contra ele, horrendo e preto
O áspide abjeto do Pesar se mova!...
E só, no quadrilátero da alcova,
Vem-lhe à imaginação este soneto:

"A princípio escrevia simplesmente
Para entreter o espírito... Escrevia
Mais por impulso de idiossincrasia.
Do que por uma propulsão consciente.

Entendi, depois disso, que devia,
Como Vulcano, sobre a forja ardente
Da Ilha de Lemnos, trabalhar contente,
Durante as vinte e quatro horas do dia!

Riam de mim, os monstros zombeteiros,
Trabalharei assim dias inteiros,
Sem ter uma alma só que me idolatre...

Tenha a sorte de Cícero proscrito
Ou morra embora, trágico e maldito,
Como Camões morrendo sobre um catre!"

Nisto, abre, em ânsias, a tumbal janela
E diz, olhando o céu que além se expande:
"— A maldade do mundo é muito grande,
Mas meu orgulho ainda é maior do que ela!

Ruja a boca danada da profana
Coorte dos homens, com o seu grande grito,
Que meu orgulho do alto do Infinito
Suplantará a própria espécie humana!

Quebro montanhas e aos tufões resisto
Numa absoluta impassibilidade",
E como um desafio à eternidade
Atira a luva para o próprio Cristo!

Chove. Sobre a cidade geme a chuva,
Batem-lhe os nervos, sacudindo-o todo,
E na suprema convulsão o doudo
Parece aos astros atirar a luva!

A CARIDADE

No universo a caridade
Em contraste ao vício infando
É como um astro brilhando
Sobre a dor da humanidade!

Nos mais sombrios horrores
Por entre a mágoa nefasta
A caridade se arrasta
Toda coberta de flores!

Semeadora de carinhos
Ela abre todas as portas
E no horror das horas mortas
Vem beijar os pobrezinhos.

Torna as tormentas mais calmas
Ouve o soluço do mundo
E dentro do amor profundo
Abrange todas as almas.

O céu de estrelas se veste
Em fluidos de misticismo
Vibra no nosso organismo
Um sentimento celeste.

A alegria mais acesa
Nossas cabeças invade...
Glória, pois, à Caridade
No seio da Natureza!

Estribilho

Cantemos todos os anos
Na festa da Caridade
A solidariedade
Dos sentimentos humanos.

OUTROS
POEMAS ESQUECIDOS

ABANDONADA

Bem depressa sumiu-se a vaporosa
Nuvem de amores, de ilusões tão bela;
O brilho se pagou daquela estrela
Que a vida lhe tornava venturosa!

Sombras que passam, sombras cor-de-rosa
— Todas se foram num festivo bando,
Fugazes sonhos, gárrulos voando
— Resta somente um'alma tristurosa!

Coitada! o gozo lhe fugiu correndo,
Hoje ela habita a erma soledade,
Em que vive e em que aos poucos vai morrendo!

Seu rosto triste, seu olhar magoado,
Fazem lembrar em noite de saudade
A luz mortiça d'um olhar nublado.

CETICISMO

Desci um dia ao tenebroso abismo,
Onde a Dúvida ergueu altar profano;
Cansado de lutar no mundo insano
Fraco que sou volvi ao ceticismo.

Da Igreja — a Grande Mãe — o exorcismo
Terrível me feriu, e então sereno
De joelhos aos pés do Nazareno
Baixo rezei em fundo misticismo:

— Oh! Deus, eu creio em ti, mas me perdoa!
Se esta dúvida cruel qual me magoa
Me torna ínfimo, desgraçado réu.

Ah, entre o medo que o meu ser aterra,
Não sei se viva pra morrer na terra,
Não sei se morra p'ra viver no céu!

A MÁSCARA

Eu sei que há muito pranto na existência,
Dores que ferem corações de pedra,
E onde a vida borbulha e o sangue medra,
Aí existe a mágoa em sua essência.

No delírio, porém, da febre ardente
Da ventura fugaz e transitória
O peito rompe a capa tormentória
Para sorrindo palpitar contente.

Assim a turba inconsciente passa,
Muitos que esgotam do prazer a taça
Sentem no peito a dor indefinida.

E entre a mágoa que a másc'ra eterna apouca
A Humanidade ri-se e ri-se louca
No carnaval intérmino da vida.

O COVEIRO

Uma tarde de abril suave e pura
Visitava eu somente ao derradeiro
Lar; tinha ido ver a sepultura
De um ente caro, amigo verdadeiro.

Lá encontrei um pálido coveiro
Com a cabeça para o chão pendida;
Eu senti a minh'alma entristecida
E interroguei-o: "Eterno companheiro

Da morte, quem matou-te o coração?"
Ele apontou para uma cruz no chão,
Ali jazia o seu amor primeiro!

Depois, tomando a enxada, gravemente,
Balbuciou, sorrindo tristemente:
— "Ai, foi por isso que me fiz coveiro!

PECADORA

Tinha no olhar cetíneo, aveludado,
A chama cruel que arrasta os corações.
Os seios rijos eram dois brasões
Onde fulgia o símb'lo do pecado

Bela, divina, o porte emoldurado
No mármore sublime dos contornos,
Os seios brancos, palpitantes, mornos,
Dançavam-lhe no colo perfumado.

No entanto, esta mulher de grã beleza,
Moldada pela mão da Natureza,
Tornou-se a pecadora vil. Do fado

Do destino fatal, presa. morria,
Uma noite entre as vascas da agonia,
Tendo no corpo o verme do pecado!

NO CLAUSTRO

Pelas do claustro salas silenciosas.
De lutulentas, úmidas arcadas,
Na vastidão silente das caladas
Abóbadas sombrias tenebrosas,

Vagueiam tristemente desfiladas
De freiras e de monjas tristurosas,
Que guardam cinzas de ilusões passadas,
Que guardam pét'las de funéreas rosas

E à noite quando rezam na clausura.
No sigilo das rezas misteriosas,
Nem a sombra mais leve de ventura!

Só as arcadas ogivais desnudas,
E as mesmas monjas sempre tristurosas,
As mesmas portas impassíveis, mudas!

IL TROVATORE

Canta da torre o trovador saudoso
— Addio, Eleonora! oh! sonhos meus!
E o canto se desprende harmonioso,
Na vibração final do extremo adeus,

Repercute dolente, mavioso,
Subindo pelo Azul da Inspiração;
Assim canta também meu coração,
Trovador torturado e angustioso,

Ai! não, não acordeis, lembranças minhas!
Saudade d'umas noites em que vinhas
Cantar comigo um doce desafio!

Mas, pouco a pouco, os sons esmorecendo,
Perdem-se as notas pelo Azul morrendo,
— Addio Eleonora, addio, addio!

A LOUCA

Quando ela passa: — a veste desgrenhada,
O cabelo revolto em desalinho,
No seu olhar feroz eu adivinho
O mistério da dor que a traz penada.

Moça, tão moça e já desventurada;
Da desdita ferida pelo espinho,
Vai morta em vida assim pelo caminho,
No sudário da mágoa sepultada.

Eu sei a sua história. — Em seu passado
Houve um drama d'amor misterioso
— O segredo d'um peito torturado —

E hoje, para guardar a mágoa oculta,
Canta, soluça — o coração saudoso,
Chora, gargalha, a desgraçada estulta.

PRIMAVERA

Primavera gentil dos meus amores,
— Arca cerúlea de ilusões etéreas,
Chova-te o Céu cintilações sidéreas
E a terra chuva no teu seio flores!

Esplende, Primavera, os teus fulgores,
Na auréola azul, dos dias teus risonhos,
Tu que sorveste o fel das minhas dores
E me trouxeste o néctar dos teus sonhos!

Cedo virá, porém, o triste outono,
Os dias voltarão a ser tristonhos
E tu hás de dormir o eterno sono,

Num sepulcro de rosas e de flores,
Arca sagrada de cerúleos sonhos,
Primavera gentil dos meus amores!

A ESPERANÇA

A Esperança não murcha, ela não cansa,
Também como ela não sucumbe a Crença.
Vão-se sonhos nas asas da Descrença,
Voltam sonhos nas asas da Esperança.

Muita gente infeliz assim não pensa;
No entanto o mundo é uma ilusão completa,
E não é a Esperança por sentença
Este laço que ao mundo nos manieta?

Mocidade, portanto, ergue o teu grito,
Sirva-te a Crença de fanal bendito,
Salve-te a glória no futuro — avança!

E eu, que vivo atrelado ao desalento,
Também espero o fim do meu tormento,
Na voz da Morte a me bradar; descansa!

SONETO

Senhora, eu trago o luto do Passado,
Este luto sem fim que é o meu Calvário
E ansio e choro, delirante e vário,
Sonâmbulo da dor angustiado.

Quantas venturas que me acalentaram!
Meu peito túm'lo do prazer finado
Foi outrora do riso abençoado,
O berço onde as venturas se embasaram.

Mas não queiras saber nunca risonha
O mistério d'um peito que estertora
E o segredo d'um'alma que não sonha!

Não, não busques saber porque, Senhora,
É minha sina perenal, tristonha
– Cantar o Ocaso quando surge a Aurora.

SOFREDORA

Cobre-lhe a fria palidez do rosto
O sendal da tristeza que a desola;
Chora-o orvalho do pranto lhe perola
As faces maceradas de desgosto.

Quando o rosário de seu pranto rola,
Das brancas rosas do seu triste rosto
Que rolam murchas como um sol já posto
Um perfume de lágrimas se evola.

Tenta às vezes, porém, nervosa e louca
Esquecer por momento a mágoa intensa
Arrancando um sorriso à flor da boca.

Mas volta logo um negro desconforto,
Bela na Dor, sublime na Descrença,
Como Jesus a soluçar no Horto.

ECOS D'ALMA

Oh! madrugada de ilusões, santíssima,
Sombra perdida lá do meu Passado.
Vinde entornar a clâmide puríssima
Da luz que fulge no ideal sagrado!

Longe das tristes noites tumulares
Quem me dera viver entre quimeras,
Por entre o resplandor das Primaveras
Oh! madrugada azul dos meus sonhares.

Mas quando vibrar a última balada
Da tarde e se calar a passarada
Na bruma sepulcral que o céu embaça

Quem me dera morrer então risonho
Fitando a nebulosa do meu sonho
E a Via-Láctea da ilusão que passa!

AMOR E CRENÇA

Sabes que é Deus? Esse infinito e santo
Ser que preside e rege os outros seres,
Que os encantos e a força dos poderes
Reúne tudo em si, num só encanto?

Esse mistério eterno e sacrossanto,
Essa sublime adoração do crente,
Esse manto de amor doce e clemente
Que lava as dores e que enxuga o pranto?

Ah! Se queres saber a sua grandeza
Estende o teu olhar à Natureza,
Fita a cúp'la do Céu santa e infinita!

Deus é o Templo do Bem. Na altura imensa,
O amor é a hóstia que bendiz a crença.
Ama, pois, crê em Deus e... sê bendita!

ARIANA

Ela é o tipo perfeito da ariana.
Branca, nevada, púbere, mimosa,
A carne exuberante e capitosa
Trescala a essência que de si dimana.

As níveas pomas do candor da rosa,
Rendilhando-lhe o colo de sultana,
Emergem da camisa cetinosa
Entre as rendas sutis de filigrana.

Dorme talvez. Em flácido abandono
Lembra formosa no seu casto sono
A languidez dormente da indiana.

Enquanto o amante pálido, a seu lado,
Medita, a fronte triste, o olhar velado,
No Mistério da Carne Soberana.

TEMPOS IDOS

Não enterres, coveiro, o meu Passado,
Tem pena dessas cinzas que ficaram;
Eu vivo d'essas crenças que passaram,
E quero sempre tê-las ao meu lado!

Não, não quero o meu sonho sepultado
No cemitério da Desilusão,
Que não se enterra assim sem compaixão
Os escombros benditos do Passado!

Ai! não me arranques d'alma este conforto!
— Quero abraçar o meu Passado morto
— Dizer adeus aos sonhos meus pedidos!

Deixa ao menos que eu suba à Eternidade
Velado pelo círio da Saudade,
Ao dobre funeral dos tempos idos!

SONETO

Na rua em funeral ei-la que passa
A romaria eterna dos aflitos,
A procissão dos tristes, dos proscritos,
Dos romeiros saudosos da desgraça.

E na choça a lamúria que traspassa
O coração, além, ânsias e gritos
De mães que arquejam sobre os pobrezitos
Filhos que a fome derrubou na praça.

Entre todos, porém, lânguida e bela,
Da juventude a virginal capela
A lhe cingir de luz a fronte baça,

Vai Corina mendiga e esfarrapada,
A alma saudosa pelo amor vibrada
— A Stella Matutina da Desgraça!

SONETO

Adeus, adeus, adeus! E suspirando
Saí deixando morta a minha amada,
Vinha o luar iluminando a estrada
E eu vinha pela estrada soluçando.

Perto um ribeiro claro murmurando
Muito baixinho como quem chorava,
Parecia o ribeiro estar chorando
As lágrimas que eu triste gotejava.

Súbito ecoou o sino o som profundo!
Adeus! — eu disse. Para mim no mundo
Tudo acabou-se, apenas restam mágoas.

Mas no mistério astral da noite bela
Pareceu-me inda ouvir o nome dela
No marulhar monótono das águas!

A AERONAVE

Cindindo a vastidão de Azul profundo,
Sulcando o espaço, devassando a terra,
A Aeronave que um mistério encerra
Vai pelo espaço acompanhando o mundo.

E na esteira sem fim da azúlea esfera
Ei-la embalada n'amplidão dos ares,
Fitando o abismo sepulcral dos mares
Vencendo o azul que ante si s'erguera.

Voa, se eleva em busca do Infinito
É como um despertar de estranho mito,
Auroreando a humana consciência.

Cheia da luz do cintilar de um astro.
Deixa ver na fulgência do seu rastro
A trajetória augusta da Ciência.

LIRIAL

Porque choras assim, tristonho lírio,
Se eu sou o orvalho eterno que te chora,
P'ra que pendes o cálice que enflora
Teu seio branco do palor do círio?!

Baixa a mim, Irmã pálida da Aurora,
Estrela esmaecida do Martírio;
Envolto da tristeza no delírio,
Deixa beijar-te a face que descora!

Fosses antes a rosa purpurina
E eu beijaria pétala divina
De rosa onde não pousa a desventura.

Ai! que ao menos talvez na vida escassa
Não chorasses à sombra da desgraça,
Para eu sorrir à sombra da ventura!

A MINHA ESTRELA

Tu disse — Vai-te, estrela do Passado!
Esconde-te no azul da Imensidade,
Lá onde nunca chegue esta saudade,
— A sombra deste afeto estiolado.

Disse, e a estrela foi p'ra o Céu subindo,
Minh'alma que de longe a companhava,
Viu o adeus que ela do Céu enviava,
E quando ela no Azul foi se sumindo

Surgia a Aurora — a mágica princesa!
E eu vi o Sol do Céu iluminando
A Catedral da Grande Natureza

Mas a noite chegou, triste, com ela
Negras sombras também foram chegando,
E eu nunca mais vi a minha estrela!

SONETO

A praça estava cheia. O condenado
Transpunha nobremente o cadafalso.
Puro de crime, isento de pecado,
Vítima augusta de indelével falso.

E na atitude do Crucificado,
O olhar azul pregado n'amplidão,
Pude rever naquele desgraçado
O drama lutuoso da Paixão.

Quando do algoz cruento o braço alçado
Se dispunha a vibrar sem compaixão
O golpe na cabeça do culpado

Ele, o algoz — o criminoso — então,
Caiu na praça como fulminado
A soluçar: perdão, perdão, perdão!

VERSOS D'UM EXILADO

Eu vou partir. Na límpida corrente
Rasga o batel o leito d'água fina
— Albatroz deslizando mansamente
Como se fosse vaporosa Ondina.

Exilado de ti, oh! Pátria! ausente
Irei cantar a mágoa peregrina
Como canta o pastor a matutina
Trova d'amor, à luz do sol nascente!

Não mais virei talvez e, lá sozinho,
Hei de lembrar-me do meu pátrio ninho
D'onde levo comigo a nostalgia

E esta lembrança que hoje me quebranta
E que eu levo hoje como a imagem santa
Dos sonhos todos que já tive um dia!

AVE DOLOROSA

Ave perdida para sempre — crença
Perdida — segue a trilha que te traça
O Destino, ave negra da Desgraça,
Gêmea da Mágoa e renúncia da Descrença!

Dos sonhos meus na Catedral imensa
Que nunca pouses. Lá, na névoa baça,
Onde o teu vulto lúrido esvoaça,
Seja-te a vida uma agonia intensa!

Vives de crenças mortas e te nutres,
Empenhada na sanha dos abutres,
Num desespero rábido, assassino...

E hás de tombar um dia em mágoas lentas,
Negrejada das asas lutulentas
Que te emprestar o corvo do Destino!

NIMBUS

Nimbos de bronze que empanais escuros
O santuário azul da Natureza,
Quando vos vejo negros palinuros
Da tempestade negra e da tristeza,

Abismados na bruma enegrecida,
Julgo ver nos reflexos da minh'alma
As mesmas nuvens deslizando em calma,
Os nimbos das procelas desta vida;

Mas quando céu é límpido, sem bruma
Que a transparência tolda, sem nenhuma
Nuvem sequer, então, num mar de esperança,

Que o céu reflete, a vida é qual risonho
Batel, e a alma é a flâmula do sonho,
Que o guia e leva ao porto da bonança.

NO CAMPO

Tarde. Um arroio canta pela umbrosa
Estrada; as águas límpidas alvejam
Como cristais. Aragem suspirosa
Agita os roseirais que ali vicejam.

No Alto, entretanto, os astros rumorejam
Um presságio de noite luminosa
E ei-la que assoma — a Louca Tenebrosa,
Branca, emergindo às trevas que a negrejam.

Chora a corrente múrmura, e, à dolente
Unção da noite, as flores também choram
Num chuveiro de pétalas, nitente,

Pendem e caem — os roseirais descoram
E elas boiam no pranto da corrente
Que as rosas, ao luar, chorando enfloram.

INSÂNIA

No mundo vago das idealidades
Afundei minha louca fantasia;
Cedo atraiu-me a auréola fugidia
Da refulgência antiga das idades.

Mas ao esplendor das velhas majestades
Vacila a mente e o seu ardor esfria;
Busquei então na nebulosa fria
Das Ilusões, sonhar novas idades.

Que desespero insano me apavora!
Aqui, chora um ocaso sepultado;
Ali, pompeia a luz da branca aurora

E eu tremo e hesito entre um mistério escuro
— Quero partir em busca do Passado
— Quero correr em busca do Futuro.

O BANDOLIM

Cantas, soluças, bandolim do Fado
E de Saudade o peito meu transbordas;
Choras, e eu julgo que nas tuas cordas
Choram todas as cordas do Passado!

Guardas a alma talvez d'um desgraçado,
Um dia morto da Ilusão às bordas,
Tanto que cantas, e ilusões acordas,
Tanto que gemes, bandolim do Fado.

Quando alta noite, a lua é triste e calma,
Teu canto, vindo de profundas fráguas,
É como as nênias do Coveiro d`alma!

Tudo eterizas num coral de endeixas...
E vais aos poucos soluçando mágoas,
E vais aos poucos soluçando queixas!

ARA MALDITA

Como um'ave, cindindo os céus risonhos,
Meiga, tu vinhas a cindir os ares,
E, qual hóstia, caindo dos altares,
Foste caindo n'ara dos meus sonhos.

E eu vi os seios teus virem inconhos
— Esses teus seios que os cerúleos lares
Branquejaram de eternos nenufares,
Para nunca tocarem negros sonhos!

Caíste enfim no meu sacrário ardente,
Quiseste-me beijar a ara do peito,
E eu quis beijar-te o lábio redolente.

E beijei-te, mas eis que neste enleio,
Tocando n'ara negra o níveo seio,
Caíste morta ao celestial preceito.

SONETO

Na etérea limpidez de um sonho branco,
Lúcia sorriu-se à bruma nevoenta,
E a procela chorou n'um fundo branco
De mágoa triste e de paixão violenta.

E Lúcia disse à bruma lutulenta:
— Foge, senão co'o o meu olhar te espanco!
E eu vi que, à voz de Lúcia, grave e lenta,
O céu tremia em seu trevoso flanco.

Fulgia a bruma para sempre. A vida
Despontava na aurora amortecida
À rutilância mágica do dia.

Aquele riso despertava a aurora!
E tudo riu-se, e como Lúcia, agora,
O sol, alegre e rubro, também ria!

TREVA E LUZ

Neste pélago escuro em que te afundas,
Longe das sombras aurorais e amadas
Sentes o peito em ânsias revoltadas,
Diluis teu peito em sensações profundas.

Mas, eis que emerges, luminosa, às fundas
Águas do mar das glórias obumbradas,
E, ante o branco estendal das madrugadas,
Nua, em banho ideal de amor te inundas.

Agora, à luz das alvoradas santas
Unge-te o corpo redolências tantas,
Que, ao ver-te nua, o Mundo se concentre,

E a lua, a Virgem Mãe dos céus escampos,
Que beija a terra e que abençoa os campos
Beije-te o seio e te abençoe o ventre!

SONETO

O Templo da Descrença — ei-lo que avisto. A imensa
Cruz da Dor está serena como um lírio!
E vejo o pedestal que sustenta o Martírio;
E vejo o pedestal que sustenta a Descrença!

— A colunata êxul do Sonho Morto — o círio
Da Quimera Falaz, o túmulo da Crença,
Tudo! até o altar onde a Angústia vibra intensa
N'uma fúria assombral de feras em delírio!

Penetro louco enfim o abismo funerário.
E a rasgar, a rasgar o lúrido sacrário,
Em mim como no Templo a Angústia se condensa,

E em mim como no Templo, urnas de Sonho; e, em bando,
Flores mortas da Aurora, e, eu sombrio chorando
Ante a imagem fatal do Sepulcro da Crença!

A PESTE

Filha da raiva de Jeoá — a Peste
N'um insano ceifar que aterra e espanta,
De espaço a espaços sepulturas planta
E em cada coração planta um cipreste!

Exulta o Eterno e... tudo chora, tudo!
Quando Ela passa, semeando a Morte,
Todos dizem co'os olhos para a Sorte
— É o castigo de Deus que passa mudo!

— Fúlgido foco de escaldantes brasas
— O sola segue, e a Peste ri-se, enquanto
Vai devastando o coração das casas...

E como o sol que a segue e deixa um rastro
De luz em tudo, ela, como o sol — o astro —
Deixa um rastro de luto em cada canto!

IDEAL

Quero-te assim, formosa entre as formosas,
No olhar d'amor a mística fulgência
E o misticismo cândido das rosas,
Plena de graça, santa de inocência!

Anjo de luz de astral aurifulgência,
Etéreo como as Wilis vaporosas,
Embaladas ao albor da adolescência,
— Virgens filhas das virgens nebulosas!

Quero-te assim, formosa, entre esplendores,
Colmado o seio de virentes flores,
A alma diluída em eterais cismares...

Quero-te assim — que bendita sejas
Como as aras sagradas das igrejas,
Como o Cristo sagrado dos altares.

SOMBRA IMORTAL

— E tu velas, a sós, no pó da fulgurância
Como uma velha cruz vela na sombra morta!
Fora, a noite é tumbal... e a saudade da infância,
Como um'alma de mãe, me acalenta e conforta!

Noite! E somente tu velas a rutilância...
Lua que já passou e que hoje ainda corta
O penetral que guia à derradeira estância,
O penetral que leva à derradeira porta!

Revejo em ti, mulher, num lânguido *smorzando*
A sombra virginal qu'eu adoro chorando
E há de um dia amparar-me na luta correndo...

Ah! que um dia da Vida, estes dardos acúleos
Caíam, também da Dor, lá dos braços hercúleos,
Domados pela meiga Ônfale a que me rendo!

CORAÇÃO FRIO

Frio o sagrado coração da lua,
Teu coração rolou da luz serena!
E eu tinha ido ver a aurora tua
Nos raios d'ouro da celeste arena...

E vi-te triste, desvalida e nua!
E o olhar perdi, ansiando a luz amena
No silêncio notívago da rua...
— Sonâmbulo glacial da estranha pena!

Estavas fria! A neve que a alma corta
Não gele talvez mais, nem mais alquebre
Um coração como a alma que está morta...

E estavas morta, eu vi, eu que te almejo,
Sombra de gelo que me apaga a febre,
— Lua que esfria o sol do meu desejo!

NOTURNO

Para o vale noital da eterna gaza
Rolou o Sol — imenso moribundo —
E a noite veio na negrura d'asa,
Santificada pela Dor do Mundo!

U'a luz, entanto, no negror me abrasa,
E um canto vai morrer no vale fundo...
Que luz é esta que das brumas vasa,
Que canto é este, virginal, profundo?!

Rumores santos... e no santo harpejo,
Somente tristes os teus olhos vejo,
Para o Infinito e para o Céu voltados!

Cantas, e é noite de fatais abrolhos...
Choras, e no meu peito estes teus olhos
Como que cravam dois punhais gelados!

SEDUTORA

Alva d'aurora, e em lânguida sonata
Vinhas transpondo a margem do caminho,
Branca bem como empalecido arminho,
Alvorejando em arrebol de prata.

Bendita a Santa do Carinho, inata!
E, ajoelhando à imagem do Carinho,
O roble altivo entreteceu-te um ninho,
Alva d'aurora, te acolheu a mata.

Pérolas e ouro pela serrania...
No lago branco e rútilo do dia
O azul pompeva para sempre vasto.

Chegaste, o seio branco, e, tu, chegando,
Uma pantera foi se ajoelhando,
Rendida ao eflúvio do teu seio casto!

PELO MUNDO

Ânsias que pungem, mórbidos encantos,
Crepitações de flamas incendidas
Nalma explodindo como fogos santos,
Vão pelo mundo ensanguentando as Vidas.

Eflúvios quentes e fatais quebrantos
Crestam a alma das virgens adormecidas...
Eas brumas velam nos sinistros mantos
E as virgens dormem nas tumbais jazidas!

Súbitos fremem 'spasmos derradeiros...
E a paixão morre e os corações coveiros
Vão como duendes pelos céus risonhos,

Chorando auroras músicas perdidas
Na estrada santa ensanguentando as Vidas,
Nos campos-santos enterrando os Sonhos!

SONETO

E o mar gemeu a funda melopeia
À luz feral que a tarde morta instila,
Triste como um soluço de Dalila,
Fria como um crepúsculo da Judeia,

Já Vésper, no Alto, e lânguida, cintila!
Naquela hora morria para a Ideia
A minha branca e desgraçada Déa,
Qual rosa branca que ao tufão vacila.

E o mar chamou-a para o fundo abismo!
E o céu chamou-a para o Misticismo.
Nesse momento a Lua vinha calma

E céu e mar num desespero mudo
Não viram que num halo de veludo
À alma de Déa se evolava est'alma.

O RISO

"Ri, coração, tristíssimo palhaço".
Cruz e Sousa

O Riso — o voltairesco *clown* — quem mede-o?!
— Ele, que ao frio alvor da Mágoa Humana,
Na Via-Láctea fria do Nirvana,
Alenta a Vida que tombou no Tédio!

Que à Dor se prende, e a todo o seu assédio,
E ergue à sombra da dor a que se irmana
Lauréis de sangue de volúpia insana,
Clarões de sonho em nimbos de epicédio!

Bendito sejas, Riso, *clown* da Sorte
— Fogo sagrado nos festins da Morte
— Eterno fogo, saturnal do Inferno!

Eu te bendigo! No mundano cúmulo
És a Ironia que tombou no túmulo
Nas sombras mortas de um desgosto eterno!

SONETO

Vamos, querida! Já é Ave-Maria
— A hora dos tristes e dos descontentes.
Desfaz-se o peito em vibrações dormentes
E o Fado geme sob a névoa fria!

Que eu sinta n'alma o que tu n'alma sentes!
Nesta Missa de Atroz Melancolia
Bebes chorando o Vinho da Agonia
— Consagração das almas padecentes!

Foi numa tarde assim que nos amamos.
Silfos morriam... No ar, os gaturamos
Num recesso de névoa, adormecida...

Punge-me o peito da Saudade o cardo
Enquanto um mocho, sonolento e tardo,
Canta no espaço a maldição da Vida!

A UMA MÁRTIR

Alma em cilício, vem, enrista a clava,
Brande no seio o espículo e o acinace
E unjam-te o seio que d'auroras nasce
Sangrentas bênçãos eclodindo em lava!

Nossa Senhora te unge a face escrava,
Cristo saudoso te abençoa a face
De monja — violeta que do Céu baixasse
À Virgem Santa Natureza brava!

Vais caminhando para a terra extrema,
Rosa dos Sonhos! e o teu galho trema
E a tua crença, o desespero mate-a...

E em nuvens d'ouro ascende enfim ao plaustro
Da Neve Eterna, estrela azul do claustro,
Levada para o Azul da Via-Láctea!

PELO MAR

Manhã em flor. O mar é um policromo
E imenso lago d'íris e alabastros...
À aurora é branco e ao sol, o mar é como
Um pálio imenso que caiu dos astros.

Longe, bem longe, no alvoral assomo
Ergue um navio os altanados mastros
E o Oceano dorme — alourecido pomo
Num leito irial de pérolas e nastros.

A alma da Mágoa vai pelo seu dorso,
Em sonhos geme... Um coração de corso
Geme no mar, vibra no mar, entanto,

Colma-lhe o seio a opala das esponjas...
E à noite morta choram vagas — monjas
Purificadas no cristal do pranto!

PALLIDA LUNA

És do Passado Vieste d'alvorada
N'asa dos elfos pela Morte espalma...
Cantas... e eu ouço esta *berceuse* calma
Da harpa dos mundos ideais do Nada!

Ergue o Missal brilhante de tu'alma,
Mas nessa elevação mistificada,
Vem, que eu te espero, Deusa constelada
Desce, anêmona êxul que o Céu ensalma!

Venhas e desças, Lua dos Martírios,
Desças, mas venhas pela unção dos lírios.
Visão de Ocaso de enluaradas comas,

Vaso de Unção descido dos espaços,
Para ungirmos nós dois, os nossos paços,
Na tule idealizada dos aromas.

A MORTE DE VÊNUS

Velhos berilos, pálidas cortinas,
Morno frouxel de nardos recendendo
Velam-lhe o sono... e Vênus vai morrendo
No berço azul das névoas matutinas!

Halos de luz de brancas musselinas
Vão-lhe do corpo virginal descendo
— Abelha irial que foi adormecendo
Sobre um coxim de pérolas divinas.

E quando o Sol lhe beija a espádua nua,
Cai-lhe da carne o resplendor da Lua
No reverbero dos deslumbramentos...

Enquanto no ar há sândalos, há flores
E haustos de morte — os últimos clangores
Da música chorosa dos mementos!

SONHO DE AMOR

Sobre o aromal e amplo coxim de Flora,
Que os vapores da tarde inda incensavam
E que um incenso tênue e bom vapora,
Os namorados lânguidos sonhavam.

A alma do Ocaso entrava o céu agora
E havia pelas tênebras que entravam
Ora estrangulamentos surdos, ora
Ruídos de carnes que se estrangulavam.

E sonharam assim durante toda
A noite, e toda a alva manhã durante!
— O Sol jorrava largos raios longos

E em roda víride e nevado, em roda,
Lembrava o campo um colorido ondeante
De vidros verdes e cristais oblongos!

SONETO

A orgia mata a mocidade, quando
Rugem na carne do delírio as feras,
E o moço morre como está sonhando
Nas suas vinte e cinco primaveras,

Em cima — o ouro sem mancha das esferas,
Em baixo ouro manchado de execrando
Festim de sibaritas, das heteras
Lubricamente se despedaçando!

Em cima, a rede do estelário imáculo
Suspensa no alto como um tabernáculo
— A orgia, em baixo, e no delírio doudo

Como arvoredos juvenis tombados
Os moços mortos, os brasões manchados,
E um turbilhão de púrpuras no lodo!

SONETO

E ele morreu. Ele que foi um forte
Que nunca se quebrou pelo Desgosto
Morreu... mas não deixou na ara do rosto
Um só vestígio que acusasse a Morte!

O anatomista que investiga a sorte
Das vidas que se abismam no Sol-posto
Ficaria admirado do seu rosto
Vendo-o tão belo, tão sereno e forte!

Quando meu Pai deixou o lar amigo
Um sabiá da casa muito antigo,
Que há muito tempo não cantava lá,

Diluiu o silêncio em litanias...
E hoje, poetas, já faz sete dias
Que eu ouço o canto desse sabiá!

VAE VICTIS

A Dor meu coração torça e retorça
E me retalhe como se retalha
Para escárnio e alegria da canalha
Um leão vencido que perdeu a força!

Sobre mim caia essa vingança corsa,
Já que perdi a última batalha!
E, enquanto o Tédio a carne me trabalha,
A Dor meu coração torça e retorça!

Cubra-me o corpo a podridão dos trapos!
Os vibriões, os vermes vis, os sapos
Encontrem nele pábulo eviterno...

— Repositório de milhões de miasmas
Onde se fartem todos os fantasmas,
Primavera, verão, outono, inverno!

A DOR

Chama-se a Dor, e quando passa, enluta
E todo mundo que por ela passa
Há de beber a taça da cicuta
E há de beber até o fim da taça!

Há de beber, enxuto o olhar, enxuta
A face, e o travo há de sentir, e a ameaça
Amarga dessa desgraçada fruta
Que é a fruta amargosa da Desgraça!

E quando o mundo todo paralisa
E quando a multidão toda agoniza,
Ela, inda altiva, ela, inda o olhar sereno

De agonizante multidão rodeada,
Derrama em cada boca envenenada
Mais uma gota do fatal veneno!

TERRA FÚNEBRE

Aqui morreram tantos poetas! Tanta
Guitarra morta este lugar encerra...
Aqui é o Campo-Santo, aqui é a Terra!
Em que a alma chora e em que a Saudade canta!

O caminheiro que o Pesar desterra,
Pare chorando nesta Terra Santa,
E se cantar como a Saudade canta,
O caminheiro fique nesta Terra!

À noite aqui um trovador eterno
Chora, abraçado às campas dos poetas,
— Esse sombrio trovador é o Inverno!

Aqui é a Terra, onde, ao noturno açoite,
Carpem na sombra pássaros ascetas,
Gemem poetas — pássaros da Noite!

SONETO

O sonho, a crença e o amor, sendo a risonha
Santíssima Trindade da Ventura
Pode ser venturosa a criatura
Que não crê, que não ama e que não sonha?!

Pois a alma acostumada a ser tristonha
Pode achar por acaso ou porventura
Felicidade numa sepultura,
Contentamento numa dor medonha?!

Há muito tempo, o sonho, do meu seio
Partiu num célere arrebatamento
De minha crença arrebentando a grade

Pois se eu não amo e se também não creio
De onde me vem este contentamento,
De onde me vem esta felicidade?!

MEDITANDO

Penso em venturas! A alma do homem pensa
Sempre em venturas! Sorte do homem! O homem
Há de embalar eternamente a crença
Sem ter grilhões e sem ter leis que o domem!

Punjam-no os vermes da Desgraça, assomem
Descrenças, surjam tédios na Descrença,
Luta, e morrem os vermes que o consomem,
Vence, e por fim, nada há que o abata e o vença!

Por isso, poeta, eu penso na Ventura!
E o pensamento, na Suprema Altura
Sinto, no imenso Azul do Firmamento

Ir rolando pelo ouro das estrelas,
E esse ouro santo vir rolando pelas
Trevas profundas do meu pensamento!

SONETO

Para que nesta vida o espírito esfalfaste
Em vãs meditações, homem meditabundo?!
Escalpelaste todo o cadáver do mundo
E, por fim, nada achaste...e, por fim, nada achaste!

A loucura destruiu tudo que arquitetaste
E a Alemanha tremeu ao teu gemido fundo!...
De que te serviu, pois, estudares, profundo,
O homem e a lesma e a rocha e a pedra e o carvalho
[e a haste?!

Pois, para penetrar o mistério das lousas,
Foi-te mister sondar a substância das cousas
Construíste de ilusões um mundo diferente,

Desconheceste Deus no vidro do astrolábio
E quando a ciência vã te proclamava sábio
A tua construção quebrou-se de repente!

O ÉBRIO

Bebi! Mas sei porque bebi!... Buscava
Em verdes nuanças de miragens, ver
Se nesta ânsia suprema de beber,
Achava a Glória que ninguém achava!

E todo o dia então eu me embriagava
— Novo Sileno, — em busca de ascender
A essa Babel fictícia do Prazer
Que procuravam e que eu procurava.

Trás de mim, na atra estrada que trilhei,
Quantos também, quantos também deixei,
Mas eu não contarei nunca a ninguém.

A ninguém nunca eu contarei a história
Dos que, como eu, foram buscar a Glória
E que, como eu, irão morrer também.

O CANTO DA CORUJA

A coruja cantara-lhe na porta
Sinistramente a noite inteira! Indício
Mais certo não havia! — Era o suplício!...
Daí a pouco, ela seria morta.

Saiu. O Sol ardia. A estrada torta
Lembrava a antiga ponte de Sublício...
Havia pelo chão um desperdício
De folhas que a áurea xantofila corta.

Nisto, ouve o canto aziago da coruja!
— Quer fugir, e não vê por onde fuja.
Implora a Deus como a um fetiche vago...

— Se ao menos voasse! E o horror começa! Rasga
As vestes; uma convulsão a engasga
E morre ouvindo o mesmo canto aziago!

NOME MALDITO

Das trombetas proféticas o alarde
Falou-lhe, por seus onze augúrios certos:
"É maldito o teu nome! E aos céus abertos,
Não há divina proteção que o guarde!"

Dúvidas cruéis! Momentos cruéis! Incertos
E cruéis momentos! Ânsias cruéis! E, à tarde,
Saiu aos tombos, como um cão covarde,
A percorrer desertos e desertos...

E, assombrado, com medo do Infinito,
Por toda a parte, onde, aos tropeços, ia,
Por toda a parte viu seu nome escrito!

Vieram-lhe as ânsias. Teve sede e fome...
E foi assim que ele morreu um dia
Amaldiçoado pelo próprio nome!

DOLÊNCIAS

Eu fui cadáver, antes de viver!
Meu corpo, assim como o de Jesus Cristo
Sofreu o que olhos de homem não têm visto
E olhos de fera não puderam ver!

Acostumei-me, assim, pois, a sofrer
E acostumado a assim sofrer existo...
Existo! — E apesar disto, apesar disto
Inda cadáver hei também de ser!

Quando eu morrer de novo, amigos, quando
Eu, de saudades me despedaçando
De novo, triste e sem cantar, morrer,

Nada se altere em sua marcha infinda
— O tamarindo reverdeça ainda,
A lua continue sempre a nascer!

A LÁGRIMA

Faça-me o obséquio de trazer reunidos
Clorureto de sódio, água e albumina...
Ah! Basta isto, porque isto é que origina
A lágrima de todos os vencidos!

— A farmacologia e a medicina
Com a relatividade dos sentidos
Desconhecem os mil desconhecidos
Segredos dessa secreção divina.

— O farmacêutico me obtemperou.
Vem-me então à lembrança o pai Ioiô
Na ânsia psíquica da última eficácia!

E logo a lágrima em meus olhos cai.
Ah! Vale mais lembrar-me eu de meu Pai
Do que todas as drogas da farmácia!

AVE LIBERTAS

Ao clarão irial da madrugada,
Da liberdade ao toque alvissareiro,
Banhou-se o coração do Brasileiro
Num eflúvio de luz auroreada.

É que baqueia a vida escravizada!
Já se ouvem os clangores do pregoeiro,
Como um Tritão, levando ao mundo inteiro,
Da República a nova sublimada.

E ali do despotismo entre os escombros,
Rola um drama que a Pátria exalça e doura
Numa auréola de paz imorredoura,
A República rola-lhe nos ombros;

Enquanto fora na trevosa agrura
Sucumbe o servilismo, e, esplendorosa,
A Liberdade assoma majestosa,
— Estrela d'Alva imaculada e pura!

É livre a Pátria outrora opressa e exangue!
Esse labéu que mancha a glória pública,
Que apouca o triunfo e que se chama sangue,
Manchar não pode as aras da República.

Não! que esse ideal puro, risonho,
Há de transpor sereno os penetrais
Da Pátria, e há de elevar-se neste sonho
Ao topo azul das Glórias Imortais!

Esplende, pois, oh! Redentora d'alma,
Oh! Liberdade, essa bendita e branca
Luz que os negrores da opressão espanca,
Essa luz etereal bendita e calma.

Vós, oh Pátria, fazei que destes brilhos,
Caia do santuário lá da História,
Fulgente do valor da vossa glória,
A bênção do valor dos vossos filhos!

QUADRAS

Embala-me em teus braços,
De amores bons à sombra —
Quero em cheirosa alfombra
Pousar os sonhos lassos!

Teus seios, oh! morena
— Relíquias de Carrara
Têm a ambrosia rara
Da mais rara verbena.

Aperta-me em teu peito,
E dá-me assim, divina,
De lírios e boninas
Um veludíneo leito.

Assim como Jesus,
Eu quero o meu Calvário
– Anelo morrer vário
Dos braços teus na Cruz!

Porque não me confortas?!
Bem sei, perdeste a ciência,
Morreu-te a redolência,
Alma das virgens mortas —

Mas não! Apaga os traços
De tão funesto aspeito...
Aperta-me em teu peito,
Embala-me em teus braços!

VÊNUS MORTA

A Via-Sacra Azul do amor primeiro
Veste hoje o luto que a desgraça veste
No miserere do meu desespero...

— Lotus diluído n'alma do cipreste!
Como um lilás eternizando abrolhos
Tinge de roxo o arminho da grinalda,
Rola a violeta santa dos teus olhos
— Tufos de goivo em conchas de esmeralda.

No vácuo imenso das desesperanças
E dos passados viços,
Recordo o beijo que te dei nas tranças
Emolduradas num florão de riscos.

E como um nume de pesar, plangente,
Guarda a saudade que levou do Marne,
Eu guardo o travo deste beijo ardente
E a Nostalgia desta Pátria — a Carne.

Sonho abraçar-te, pálida camélia,
Mas neste sonho, langue e seminua,
Pareces reviver a antiga Ofélia,
Opalescência trágica da lua!

Tu, oh Quimera, de reverberantes
E rubras asas de beliantos pulcros,
Crava-lhe n'alma o tirso das bacantes,
Brande-lhe n'alma o frio dos sepulcros.

Reza-lhe todo o cantochão memento
Dessa Missa de amor da Extrema Agrura,
Abençoada pelo meu tormento
E consagrada pela sepultura.

E que ela suba na serena gaza
Dos mistérios dourados e serenos
À terra Ideal das púrpuras em brasa
E ao Céu doirado e auroreal de Vênus!

ODE AO AMOR

Enches o peito de cada homem, medras
N'alma de cada virgem, e toda a alma
Enches de beijos de infinita calma...
E o aroma dos teus beijos infinitos
Entra na terra, bate nos granitos
E quebra as rochas e arrebenta as pedras!

És soberano! Sangras e torturas!
Ora, tangendo tiorbas em volatas,
Cantas a Vida que sangrando matas,
Ora, clavas brandindo em seva e insana
Fúria, lembras, Amor, a soberana
Imagem pétrea das montanhas duras.

Beijam-te o passo multidões escravas
Dos Desgraçados! — Estas multidões
Sonham pátrias doiradas de ilusões
Entre os tórculos negros da Desgraça
— Flores que tombam quando a neve passa
No turbilhão das avalanches bravas!

Tudo dominas! — Dos vergéis tranquilos
Aos Capitólios, e dos Capitólios
Aos claros pulcros e brilhantes sólios
De esplendor pulcro e de fulgências claras,
Rendilhados de fulvas gemas raras
E pontilhados de crisoberilos.

Sobes ao monte onde o *edelweiss* pompeia
Nalma do que subiu àquele monte!
Mas, vezes, desces ao segredo insonte
Do mar profundo onde a sereia canta
E onde a Alcíone trêmula se espanta
Ouvindo a gusla crebra da sereia!

Rompe a manhã. Sinos além bimbalham.
Troa o conúbio dos amores velhos
— As borboletas e os escaravelhos
Beijam-se no ar... Retroa o sino. E, quietos
Beijam-se além os silfos e os insetos
Sob a esteira dos campos que se orvalham.

E em tudo estruge a tua dúlia — dúlia
Que na fibra mais forte e até na fibra
Mais tênue, chora e se lamenta e vibra...
E em cada peito onde um Ocaso chora
Levanta a cruz da redenção da Aurora
Como a Judite a redimir Betúlia!

Bem haja, pois, esse poder terrível,
— Essa dominação aterradora
— Enorme força regeneradora
Que faz dos homens um leão que dorme
E do Amor faz uma potência enorme
Que vela sobre os homens, impassível!

Esta de amor ode queixosa, Irene,
Quedo, sonhei-a, aos astros, ontem, quando
Entre estrias de estrelas, fosforeando,
Egrégia estavas no teu plaustro egrégio
Mais bela do que a Virgem de Corrégio
E os quadros divinais de Guido Reni!

Qual um crente em asiático pagode,
Entre timbales e anafis estrídulos,
Cativo, beija os áureos pés dos ídolos,
Assim, Irene, eis-me de ti cativo!
Cativaste-me, Irene, e eis o motivo,
Eis o motivo porque fiz esta ode.

CANTO DE AGONIA

Agonia de amor, agonia bendita!
— Misto de infinita mágoa e de crença infinita.
Nos desertos da Vida uma estrela fulgura
Eo Viajeiro do Amor, vendo-a, triste, murmura:
— Que eu nunca chore assim! Que eu nunca chore como
Chorei, ontem, a sós, num voluptuoso assomo,
Numa prece de amor, numa felícia infinda,
Delícia que ainda gozo, oração, prece que ainda
Entre saudades rezo, e entre sorrisos e entre
Mágoas soluço, até que esta dor se concentre
No âmago de meu peito e de minha saudade.
Amor, escuridão e eterna claridade...
— Calor que hoje me alenta e há de matar-me em breve
Frio que me assassina, amor e frio, neve,
Neve que me embala como um berço divino,
Neve da minha dor, neve do meu destino!
E eu aqui a chorar nesta noite tão fria!
Agonia, agonia, agonia, agonia!
— Diz e morre-lhe a voz, e cansado e morrendo
O Viajeiro vai, e vê a luz e vendo
Uma sombra que passa, uma nuvem que corre,
Caminha e vai, o louco, abraça a sombra e... morre!
Ea alma se lhe dilui na amplidão infinita...
Agonia de amar, agonia bendita!

HISTÓRIA DE UM VENCIDO

Sol alto. A terra escalda: é um forno. A flama oriunda
Da solar refração bate no mundo, acende
O pó, aclara o mar e por tudo se estende
E arde em tudo, mordendo a atra terra infecunda.

E o Velho veio para o labor cotidiano,
Triste, do alegre Sol ao grande globo quente
E pôs-se para aí, desoladoramente
A revolver da terra o atro e infecundo arcano.

Por seis horas seu braço empenhado na luta,
Fez reboar pelo solo, alta e descompassada
A dura vibração incômoda da enxada,
Rasgando, do agro solo, a superfície bruta.

Mas o braço cansou! Trabalhou...e o trabalho
Do Eterno Bem motor principal e alavanca —
Arrancara-lhe a Crença assim como se arranca
De um ninho a seda branca e de uma árvore o galho!

Sangrou-lhe o coração a saudade da Aurora!
— Hércules que ele fora! O fraco que ele hoje era!
E surpreendido viu que um abismo se erguera
Entre o fraco que era hoje, e entre o Hércules de outrora!

Pois havia de assim, nesta maldita senda
De sofrimento ignaro em sofrimento ignaro
Ir caminhando até tombar sem um amparo
No tremendo marnel da Desgraça tremenda?!

II

Noite! O silêncio vinha entrando pelo mundo
E ele, lúgubre e só, trôpego e cambaleando
Foi-se arrastando, foi aos poucos se arrastando,
Para as bordas fatais dum precipício fundo!

Quis um momento ainda olhar para o Passado.
E em tudo que o rodeava, oito vezes, funéreo
Horrorizado viu como num cemitério
Cadáveres de um lado e cinzas de outro lado!

De súbito, avistando uma frondosa tília
Julgou, louco, avistar a Árvore da Esperança...
E bateram-lhe então de chofre na lembrança
A casa que deixara, os filhos, a família!

Não morreria, pois! Somente morreria
Se da Vida, sozinho, ele pisasse os trilhos...
Que mal lhe haviam feito a esposa e a irmã e os filhos?!
Preciso era viver! Portanto, viveria!

Viveria! E a fecunda e deleitosa seara
Verde dos campos, onde arde e floresce a Crença,
Compensaria toda a sua dor imensa
Tal qual o Céu a dor de Cristo compensara!

E aos tropeços, tombando, o Velho caminhava...
Caminhava, e a sonhar, bêbado de miragem,
Nem viu que era chegado o termo da viagem,
E amplo, a rugir-lhe aos pés, o precipício estava.

Num instante viu tudo, e compreendendo tudo,
Quis fazer um esforço – o último esforço, e o braço
Pendeu exangue, o peito arqueou-se, o cansaço
Empolgara-o, e ele quis falar e estava mudo!

Mudo! E a quem contaria agora as suas mágoas?!
E trágico, no horror bruto da despedida
Abraçou-se com a Dor, abraçou-se com a Vida
E sepultou-se ali no coração das águas!

Cantavam muito ao longe uns carmes doloridos!
Eram tropeiros, era a turba trovadora
Que assim cantava, enquanto a Terra Vencedora
Celebrava ao luar a Missa dos Vencidos!

E o cadáver, a toa, a flux d'água, flutua!
Ninguém o vê, ninguém o acalenta, o acalenta...
Somente entre a negrura atra da terra poenta
Alguém beija, alguém vela o cadáver: a Lua!

ESTROFES SENTIDAS

Eu sei que o Amor enche o Universo todo
E se prende dos poetas à guitarra
Como o pólipo que se agarra ao lodo
E a ostra que às rochas eternais se agarra.

O amor reduz-nos a uniformes placas,
Uniformiza todos os anelos
E une organizações fortes e fracas
Nos mesmos laços e nos mesmos elos.

Por muito tempo eu lhe sorvi o aroma,
E, desvairado, sem prever o abismo
Fiz desse amor um ídolo de Roma,
Eleito Deus no altar do fetichismo!

Tudo sacrifiquei para adorá-lo
— Mas hoje, vendo o horror dos meus destroços,
Tenho vontade de estrangulá-lo
E reduzi-lo muitas vezes a ossos!

Todo o ser que no mundo turbilhona
Veja do Amor, à luz das minhas frases,
Uma montanha que se desmorona,
Estremecendo em suas próprias bases.

E em qualquer parte do Universo veja —
Sombrias ruínas de um solar egrégio
E o desmoronamento duma Igreja
Despedaçada pelo sacrilégio.

A Natureza veste extraordinárias
Roupagens de ouro. Além, nas oliveiras,
Aves de várias cores e de várias
Espécies, cantam óperas inteiras.

A compreensão da minha niilidade
Aumenta à proporção que aumenta o dia
E pouco a pouco o encéfalo me invade
Numa clareza de fotografia.

Na área em que estou, ao matinal assomo,
Passa um rebanho de carneiros dóceis...
Eo Sol arranca as minhas crenças como
Boucher de Perthes arrancava fósseis.

Observo então a condição tristonha
Da Humanidade, ébria de fumo e de ópio,
Tal qual ela é, e não tal qual a sonha
E a vê o Sábio pelo telescópio.

O Sábio vê em proporções enormes
Aquilo que é composto de pequenas
Partes, construindo corpos quase informes
E aquilo que é uma parcela apenas.

Da observação nos elevados montes
Prefiro, à nitidez real dos aspectos,
Ver mastodontes onde há mastodontes
E insetos ver ondc há somente insetos.

A inanidade da Ilusão demonstro
Mas, demonstrando-a, sinto um violento
Rancor da Vida — este maldito monstro
Que no meu próprio estômago alimento!

Nisto a alma o ofício da Paixão entoa
E vai cair, heroicamente, na água
Da misteriosíssima lagoa
Que a língua humana denomina Mágoa!

Dos meus sonhos o exército desfila
E, à frente dele, eu vou cantando a nênia
Do Amor que eu tive e que se fez argila,
Como Tirteu na guerra de Messênia!

Transponho assim toda a sombria escarpa
Sinistro como quem medita um crime...
E quando a Dor me dói, tanjo minha harpa
Ea harpa saudosa a minha Dor exprime!

Estes versos de amor que agora findo
Foram sentidos na solidão de uma horta,
À sombra dum verdoengo tamarindo
Que representa a minha infância morta!

ÍNDICE REMISSIVO

Primeiro Volume

EU

Segundo Volume

OUTRAS POESIAS - POEMAS ESQUECIDOS

OUTROS POEMAS ESQUECIDOS

Este livro foi composto com a tipografia Times New Roman
e impresso pela Meta Brasil.